レスラーYAMATOの

筋肉キッチン

レスラーYAMATOの「筋肉キッチン」とは？

2015年6月1日から小学館Webサイト
「Woman Insight」上でスタートしたものの、
その後、CanCam.jp、oggi.jpなどと連載媒体が
コロコロ変わったため、
プロレス団体「DRAGON GATE」の
看板レスラー・YAMATOは
毎度連載存続の危機に
ヒヤヒヤさせられたものである。
また何度も担当ライターに
アップロード作業を放置プレイされたため、
「漢《おとこ》による漢《おとこ》のせっつき」を
余儀なくされたのである。
しかしこのたび、念願の書籍化にこぎつけ、
ようやくこの関係性にも雪解けの兆しが現れた。
というわけで、これからも
よろしくお願いしたいのである！

「レスラーYAMATOの筋肉キッチン」とは？

2015年6月29日から小学館Webサイト
「Woman Insight」（現在はCanCam.jpに統合）上でスタートした、
プロレス団体「DRAGON GATE」の
看板レスラーであり、調理師免許を持つ
YAMATO選手による料理連載企画。
その後、oggi.jp(https://oggi.jp)に連載の場を移し、
2019年12月現在で約100もの
料理レパートリーを公開している。
YAMATO選手の料理のモットーは、
「漢《おとこ》による漢《おとこ》のための
漢《おとこ》の料理」！
ヘルシー志向やインスタ映えなど、どんな流行にも乗っからず
「レスラーYAMATOが
本気で食べたいか否か」に
重きをおいた骨太な料理を紹介している。

測る！

muscle × kitchen

muscle
×
kitchen
混ぜる!

捌く!
muscle
×
kitchen

搾る！
muscle × kitchen

沸かす!

muscle × kitchen

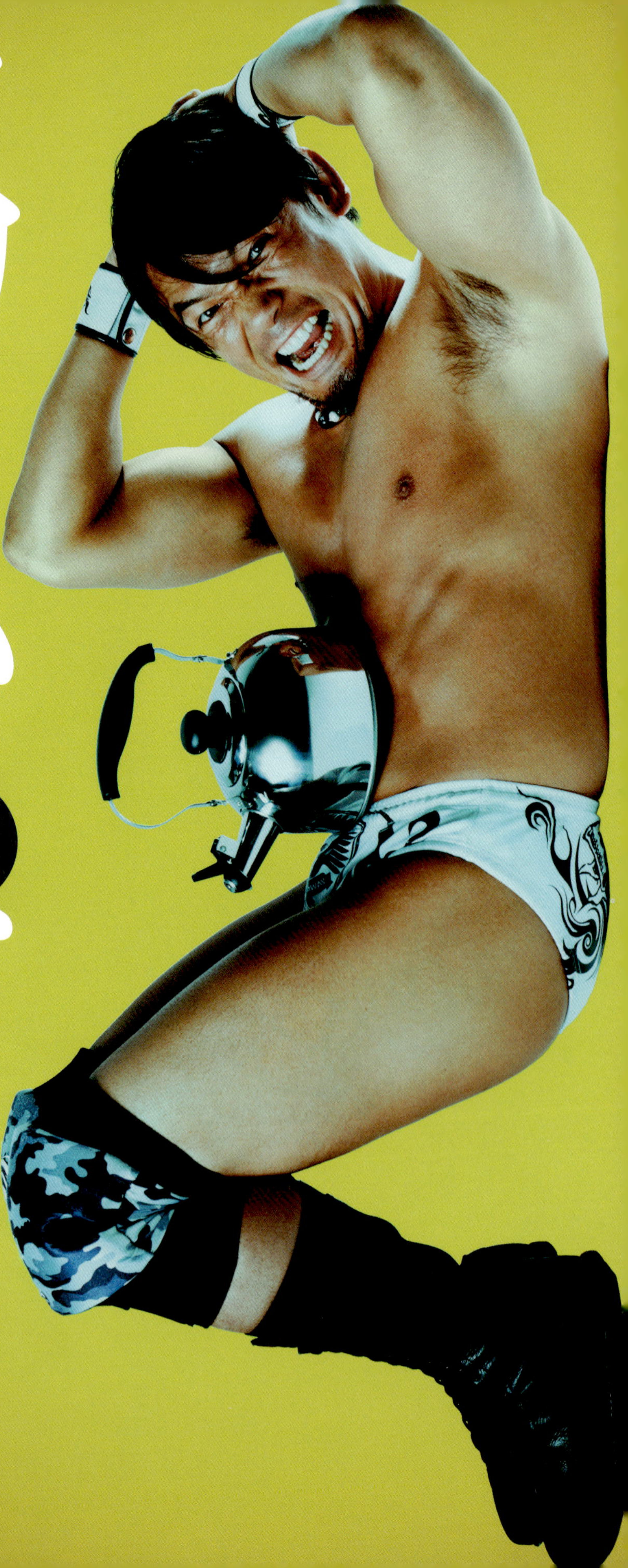

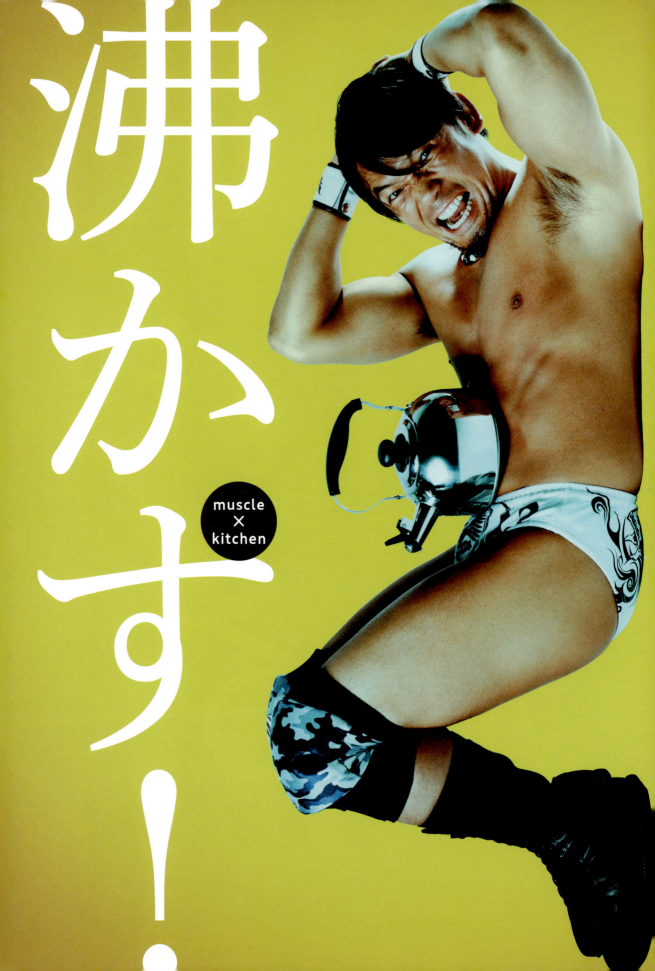

muscle × kitchen

揚げる！

CONTENTS

第2章 本気で食べるなら 漢《おとこ》のがっつりレシピ

第3章 漢《おとこ》が作る女子会メニュー 女子向けレシピ

第4章 アレンジ力バツグン 調味料・ソースレシピ

第5章 みんなでワイワイ パーティレシピ

第1章

まずはここから

基本のレシピ

今さら人には聞けないオムレツテクを伝授

基本のオムレツ

料理の腕前を上げるために必須な〝料理の練習〟になる、超基本レシピをまずはここで紹介することにしよう。

そう、今さら人には聞けない〝オムレツ〟の基本のき!

たかがオムレツ、されどオムレツ。なんだ、なんだ。「そんなの簡単に作れる!」って?

バカを言え。これは最も難しい料理とも言えるんだ。俺も調理師学校時代、なかなかオムレツが綺麗に作れずに何度も練習したものだ。練習すればするほど確実に上達する料理なので、根気よく取り組んでほしい。

火加減の調整や手早さなど、料理の基本そのものを学ぶことができるので、料理初心者の人はここからマスターしてみよう。

まずはここから!
オムレツをマスターすれば
一気に世界が広がるぞ!

ここまで到達するには
なかなか時間がかかるぞ。
どうだ?
美しい見た目に
驚いただろ?

材料（1人分）

卵…Mサイズ3個
バター…20g
塩、こしょう…各少々
飾り用野菜…お好みで
強靭な肉体…随時

あと材料ではないのだが、フライパンには多少こだわってほしい。18～20㎝の小さめのテフロン加工フライパンを用意してくれ。またフッ素樹脂加工が少しでも剥げていると綺麗なオムレツは作れないので、できれば新しいものを使ってほしい。安価で売っているので、ここはケチらずにお願いしたいぞ。

フライパンを振りまくるためには、強靭な肉体がまずは必要だ！

1

常日頃からトレーニングし、強靭な肉体をキープしておく。

2

卵はボウルに割り、軽めに溶いて塩こしょうする。

YAMATOレシピのキモ

あくまでもサッと溶く程度でOKだ。

3

フライパンにバターを入れ、中火にかける。バターが泡立ち、全体に広がったらバターが溶けきっていなくても卵を投入する。

YAMATOレシピのキモ

バターがすべて綺麗に溶けてからでは遅い。広がった瞬間にサッと投入せよ！

4

フライパンを振りながら、菜箸で卵を激しくかき混ぜ、全体が半熟の状態を作ったらフライパンについた端の部分を菜箸で剥がし、片側に傾けてオムレツを成形。

YAMATOレシピのキモ

ここはスピード勝負だ。強火で一気に決めてくれ！

5

片側でオムレツの形を整えたら、菜箸を使ってひっくり返す。開いた口がくっついたらさらにひっくり返してお皿に盛り付け、野菜などを飾る。

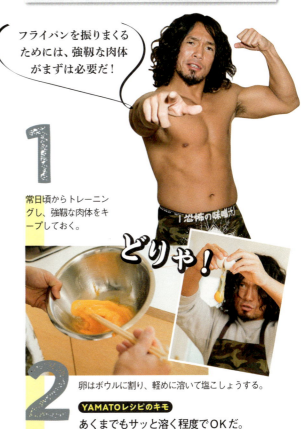

基本のオムレツを応用して作ろう!

ふわっとろっオムライス

子供の頃はもちろんのこと、大人になってもなぜだか無性に「オムライス」を食いたくなったりしないだろうか?

オムライスには大きく分けて2パターンあるよな。

昔の洋食屋にあるようなしっかりくるんだものと、近年ブームになっている、いわゆるふわっとろっ系のオムライス。

みんなはどっちのタイプのオムライスが好きだろうか。

俺はどちらも大好きなんだが、今回は後者のふわっとろっ系を紹介しようと思う。

というのもしっかりとくるんだタイプよりも、ふわっとろっ系のほうが実は調理が簡単だし、失敗がないからなんだ。なので料理の基本編としてまずはここから学んでみてほしい。

簡単だと思われがちだが
実は奥深く難しい
料理なんだ!

とろ～り卵が
うまそうだろ?
ボリュームも満点で、
男心をがっしり
つかむぞ!

材料（作りやすい分量）
ご飯…2合分
鶏もも肉…100g
玉ねぎ…中1個
マッシュルーム…4個
ケチャップ…大さじ4
オイスターソース…大さじ1
バター…20g
オリーブオイル…大さじ2
塩、こしょう…各少々
飾り野菜…適宜
オムレツ…1つ（作り方はP14を参照）
強靱な肉体…随時

YAMATOレシピのキモ

チキンライスは作りやすい分量で材料を紹介した。1人分はチキンライス約250gを使うので、参考にしてみてほしい。

この工程を無視する者はYAMATOレシピを再現することはできないぞ！

1

常日頃からトレーニングし、強靱な肉体をキープしておく。

2

鶏もも肉はこま切れ、玉ねぎはみじん切り、マッシュルームは輪切りにそれぞれ切る。

3

オリーブオイルを引いたフライパンを中火にかけ、鶏もも肉を炒める。ある程度火が通ったら玉ねぎ、マッシュルームを加えて炒め合わせる。

4

3にケチャップ、オイスターソースを加えてさらに炒め合わせる。

5

4にご飯を投入し、へらで崩しながら炒め合わせる。ケチャップが均一に混ぜ合わさったらバターを加えてからめる。

YAMATOレシピのキモ

バターは焦げるので最後に投入しよう！

のせてー
中心を切ってー
ふわとろ〜！

6

5を約250g皿にうずたかく盛り付け、その上にオムレツを置き、中心を包丁で切ってチキンライスが隠れるように広げる。

YAMATOレシピのキモ

小さなボウルなどにチキンライスを固め入れ、お皿にひっくり返すときれいな山型になるぞ。お好みでケチャップ（分量外）、乾燥パセリ、野菜などで飾ろう。

完成！

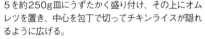

カラアゲニストが作る珠玉のからあげ、
フレーバーは梅昆布茶!?

梅昆布茶のから揚げ

男が愛してやまないレシピの代表格といえば、そう、なんといってもこのから揚げだ！

この俺は、なんと日本唐揚協会より「２０１６年ベストカラアゲニスト・アスリート部門」に選出されたという華々しき過去があるんだ。どうだ、すごいだろ（笑）！

そんな俺が普通のから揚げを作るわけにはいかん！　と、基本レシピを踏襲しながらも、ワンランク上の味付けに挑戦してみた。

キーワードは梅！

こってりしがちなから揚げに、さっぱりテイストをプラス。

大好きなから揚げと大好きな昆布茶をコラボさせた、俺にとっては夢のようなレシピなんだ！

みなさんの食卓でもエース級の扱いになることを祈る！

梅昆布茶は俺の
鉄板調味料だ！

材料（4人分）
鶏もも肉…500g

下味
- 酒…大さじ1
- しょうゆ…小さじ1
- みりん…小さじ1
- 卵黄…1個
- こしょう…少々
- にんにく（チューブタイプ使用）…小さじ1
- しょうが（チューブタイプ使用）…小さじ1

薄力粉…21g
片栗粉…9g
梅昆布茶（粉が荒いタイプのものはすり鉢などですっておく）…6g
サラダ菜などの飾り野菜…適量
強靭な肉体…随時

揚げ物には腹筋が命！
この意味はのちほど
理解できるはずだ！

1

常日頃からトレーニングし、強靭な肉体をキープしておく。

2

大きめに切った鶏もも肉をボウルに入れ、下味の材料と混ぜ合わせ、冷蔵庫で1時間寝かせる。冷蔵庫から取り出し、薄力粉、片栗粉を投入し、ざっくりと練る。

YAMATOレシピのキモ

鶏もも肉は大きめに切るのがYAMATO流だ。また1時間の冷蔵庫での寝かせの有無で味に大きな差が出るぞ！

YAMATOレシピのキモ

手で軽く握って塊にして揚げるといいぞ。また余分なつけ汁は捨てるようにな！

うおりいいいい
りゃーーーー!!!!

YAMATOレシピのキモ

鍛えあげた腹筋をここで披露せよ！　肉体に自信のある者は、ここであえて服を脱げ！　そして戦え！

3

180℃に熱した油で表面がキツネ色（YAMATOのBODY色と同じくらい）になるまで揚げる。

4

軽く油切りしたから揚げをボウルに入れ、梅昆布茶をふりかけてざっくりとあえる。サラダ菜などを飾る。

肉汁じゅわ〜！
なのにさっぱり
して重くないから
一生食べていられるぞ！

完成！

ほんのり効いた梅の
風味がクセに
なるうまさだろ？

煮込み時間ほぼなしで深みとコクが生まれる！

八丁みそとブルーベリージャムのハヤシライス

「THE洋食」の代表レシピ・ハヤシライス。街の洋食屋の看板メニューにもなりえるこの料理は「創業時からコトコト煮込んだデミグラスソース」あってこそなので、なかなか家庭では味を再現するのが難しいんだ。

が、なんと！ じっくり煮込むことなしに「まるで創業時からのソース」のような深みとコクを実現するレシピを完成させることができたんだ。試作に関してはかなり苦労したが…。

調理時間は30分もかからないんだ！ あるふたつの意外な食材がうまさの秘訣だぞ。その意外な食材とは…ずばり、八丁みそとブルーベリージャム！

どうだ、本当に意外だろ？

さぁつべこべ言わず、さっそく作ってみてほしい。

失神級のうまさが実現した！

うますぎて失神の恐れありだ！
調理時間30分とは思えぬコクと旨味に感動するぞ！

材料（4人分）
牛バラ切り落とし…400g
玉ねぎ …1個
薄力粉 …10g
赤ワイン… 200cc
ケチャップ…80cc
ウスターソース…大さじ2
八丁みそ …小さじ1
ブルーベリージャム
…小さじ2
水 …400cc
バター…15g
サラダ油 …大さじ1
塩、こしょう…各適宜
ご飯…適量
（盛り付け用）生クリーム、
パセリ……お好みで
強靭な肉体……随時

八丁みそとブルーベリーという一風変わった材料を調味料として使っているんだ。これぞYAMATOレシピオリジナルのコク出しの秘密だぞ。

裸エプロンが
似合う体が理想だ！

1

常日頃からトレーニングし、強靭な肉体をキープしておく。

YAMATOレシピのキモ

透き通るような玉ねぎが美しいだろ。

YAMATOレシピのキモ

この薄力粉があるかないかで、肉のやわらかさが変化するぞ！

2

牛バラ肉は食べやすい大きさに、玉ねぎは細切りにする。牛バラ肉には塩、こしょうして、サラダ油を引いたフライパンで玉ねぎと共に強火で炒め、薄力粉をふりかける。

3

フライパンに赤ワインを入れ、アルコールが飛んだらケチャップ、ウスターソース、ブルーベリージャム、八丁みそ、水を加えて中火で10分弱煮込む。

YAMATOレシピのキモ

八丁みそとブルーベリージャムは固まりやすいから、軽く混ぜながら全体がからむようにしてみてくれ。

4

塩、こしょうで味付けし、火を止め、最後にバターを加えてひと混ぜする。ご飯を盛ったお皿にかけて完成。お好みでパセリと生クリームをかける。

YAMATOレシピのキモ

最後にバターを入れることで酸味を抑え、照りを出す効果があるぞ！

見た目からして
うまそうなオーラが
漂っているだろ？

家庭の火力でもおいしく作れる！
基本のパラパラチャーハン

中華屋のチャーハンって本当にうまいよな。

あの味をなんとか家庭の火力でも再現できないものか、もしもそれが成功したらノーベル賞ものの発明なのではないか、と本気で考えること数日…。

紆余曲折あり、さまざまな試作をしまくってようやくたどり着いた自慢の一品がこれだ。

普通のチャーハン作りにちょっとした工程をプラスするだけで、まるで中華屋で食べるみたいな「パラパラチャーハン」が完成！

その秘密は「ご飯」にある。冷やご飯を使うとか、いろんな方法があるが、俺は従来のやり方ではない工程で攻めるぞ。

ある工程とはなんと、ご飯を水で洗ってしまうこと！目からウロコのレシピだろ？

これをマスターすれば家で本格的なチャーハンを味わえるぞ！幸せだろ？

筋肉もだが、
日々の鍛錬が必要な料理。
懲りずにトライ！

材料（1人分）

冷やご飯…200g
溶き卵…1個分
チャーシュー…40g
長ねぎ…約12cm
ラード…大さじ3
しょうゆとオイスターソースを1対1で割ったもの …小さじ1
塩、こしょう…各少々
強靭な肉体…随時

YAMATOレシピのキモ

材料もごくごく基本のもの（強靭な肉体は除く！）で作るぞ！

チャーハンには
この工程1がキモだ。
しっかり作り
上げておけ！

1

常日頃からトレーニングし、強靭な肉体をキープしておく。

パラパラチャーハンの
秘訣、ここにあり！

2

冷やご飯をざるにあけて水で流しながら表面のぬめりを落とす。その後、1時間ほどおいて水気をきる。

3

チャーシューを食べやすい大きさに切る。長ねぎは粗みじん切りに。

4

フライパンを強火で熱し、ラードを入れて溶き卵を投入。すぐにごはんを投入し、水分が飛ぶようにイメージしながらぐるぐると混ぜ炒める。

YAMATOレシピのキモ

チャーハンというと火から離して鍋を振るイメージだが、家庭では厳禁！　あの技は中華屋の火力があってこそ成り立つのだ。家庭では火からフライパンを離さず、とにかく温度を下げないで作ることを第一優先に。

5

塩、こしょう、しょうゆとオイスターソースを割ったものを鍋肌から入れる。

YAMATOレシピのキモ

具材を最後に入れるのも、作るうえで欠かせないポイントだぞ。火を入れなくてもそのまま食べられるチャーシューを具材にしたのはそういうわけだ。

6

チャーシューとねぎを入れ、ひと混ぜする。

第1章 基本のレシピ

あの有名なスナック菓子を使いアジアンな味に
えび餃子

改めて言うまでもないが、餃子って本当にうまいよな。

空きっ腹のときは10皿ペロリ、なんてこともある。だから家で大量に作れば、満足いくまで食すことができるってわけだ。

ご飯のおかずはもちろんのこと、酒好きからしたらビールのお供に最高の一品だったりもする。「餃子パーティ」なる言葉もあるように、みんなで集まった際にも大活躍するレシピだ。

老若男女に愛されるこの定番レシピをこの俺が調理したらどうなるか、腕が鳴るじゃないか。

しかし俺はYAMATOであるゆえ、普通の餃子レシピを紹介してもしょうがない。

そこで今回は、定番の味に＋αを楽しんでいただくべく、あの有名スナックを味のポイントにしてみたぞ。

工程から丁寧に伝授するので、材料の切り方や焼き方に至るまで、まずは忠実に再現してみてくれ。

やめられない
止まらないうまさだ！

絶妙なスパイシーさが
クセになる度100％！
そして、ビールとの相性
5000％だ！

材料（約60個分）
豚ひき肉…300g
キャベツ…1／4個
にら…1／4束
むきえび…100g
かっぱえびせん…25g
餃子の皮…約60枚
砂糖…大さじ1
しょうゆ…大さじ1
塩…小さじ2
酒…大さじ2
強力粉…適量
サラダ油…大さじ1＋少々
オイスターソース…大さじ1
ラード…大さじ1
しょうが…2片
強靭な肉体…随時

YAMATOレシピのキモ
そう、ある有名なスナック菓子とは、やめられない止まらないでおなじみの「かっぱえびせん」のことだ。

1

常日頃からトレーニングし、強靭な肉体をキープしておく。

2

キャベツはみじん切りにし、塩（小さじ2）でもんで水気をきる。にらとしょうがはみじん切り。むきえびは歯応えが残るくらいの大きさに切る。

YAMATOレシピのキモ
キャベツは脱水しすぎないようにしよう。適度な水分が残った状態でOKだぞ。

3

かっぱえびせんはミキサーやすり鉢などで粉々にする。

YAMATOレシピのキモ
小麦粉や卵などのつなぎの代わりに何か面白い材料はないかと思ってたどり着いたのがこのかっぱえびせんだ。つなぎとして使うので、細かく粉砕しておくように！

YAMATOレシピのキモ
筋肉という筋肉を使い、しっかりしっかりこねるんだ！

4

強靭な肉体と餃子の皮と強力粉と油以外のすべての材料を、ボウルにあけて混ぜ合わせる。

YAMATOレシピのキモ
へら登場！　もちろん私物だ！

YAMATOレシピのキモ
下に敷いた強力粉がポイント！　これにより、皮の表面に強力粉がまぶさることで、自然な羽根を作れるぞ。

5

餃子の皮の下半分に水を塗り、へらなどでタネをのせ、お好みの形に包む。強力粉を引いたバットなどに並べていく。

YAMATOレシピのキモ
蒸し焼きにするぞ！

6

大さじ1のサラダ油を引いたフライパンに餃子を敷き詰め、強火にかける。軽く焼き目が付いたら熱湯を注ぎ、ふたをする。

7

水分がすべて飛んだら、鍋肌にサラダ油少々を回し入れ、パリッとなったら皿に盛り付ける。味付けしてあるのでたれなしでもOKだ。

余った肉じゃがを劇的&時短アレンジ!

肉じゃがカレー

肉じゃがは「女の子が彼氏のために最初に作る料理」として定番の地位を確立してるよな。

「肉じゃが」ってのは料理の基本が詰まった料理だから、料理にうるさい男なら、その味で彼女の料理の腕前を判断することだって当然あるわけだ。

たかが肉じゃが、されど肉じゃが。手を抜いてはいけないぞ。そこでこのYAMATOがおいしく作るポイントを伝授してやる。

「あれ? 今回のメニューは肉じゃが? 肉じゃがカレーじゃないの? 肉じゃがなの?」

おいおい、焦るな焦るな。俺のプランはこうだ。

まずは彼氏が家に来た夜に肉じゃがを振る舞う。そして翌朝に、昨日食べた肉じゃがをアレンジし、カレーライスにして出す。

これでデキる女を最大限アピールできるはずだ。

まー能書きはさておき、まずは作ってみてほしい。

肉じゃがもカレーも
どちらも男のロマンが
詰まった料理だ!

これぞ、モテ料理だ!
どこか和風でホッとする味わいに惚れてまうやろ!

材料（4人分）
牛バラ肉…400g
じゃがいも…小6個
にんじん…大1本
玉ねぎ…大1個
だし…400cc
酒…50cc
みりん…50cc
砂糖…20g
しょうゆ…20cc
サラダ油…30cc
市販カレールー…4人分
ご飯…適量
乾燥パセリ…少々
強靭な肉体…随時

YAMATOレシピのキモ

肉じゃがもカレーも多めに作ったほうがうまいから、多めの分量で作っていくぞ。

1 常日頃からトレーニングをし、強靭な肉体を用意しておく。

鍛え上げられた
体だからこそ
作れる料理がある！

下ゆでの工程が大事。
このひと手間で仕上がりに
グンと差が出るぞ！

2 まずは肉じゃがを作る。牛バラ肉は食べやすいサイズ、じゃがいもは縦横半分、にんじんは乱切り、玉ねぎは、くし形に切る。じゃがいも、にんじんを別々に下ゆでする。

3 サラダ油を引いたフライパンで牛肉、玉ねぎを中火で炒める。牛肉に火が通ったら、にんじんも加える。

ククク。
肉じゃがの完成だ。
まずは肉じゃがの味を
楽しんでみてくれ！

4 3を鍋に移し、酒を加え、中火で沸騰させる。アクを取り除いたあと、みりん、砂糖、しょうゆの順に加える。味が整ったらじゃがいもを加え、ひと煮立ちさせる。肉じゃがの完成。

YAMATOレシピのキモ

じゃがいもを最後に入れるのは、煮崩れ防止のため。あらかじめ下ゆでしてあるから、煮崩れせずにすぐに味が染み込むんだ。

普通に作ったカレーと、
肉じゃがを作ってからの
カレーの味の違いは
食べればわかるぞ。
どこか和風でホッとする
味なんだ！
完成！

5 完成した肉じゃが（1日置いたらなお、おいしいぞ）に水200ccを加え、カレールーを包丁で刻み、肉じゃがに加えひと煮立ち。器にご飯を盛り、カレーをかける。ご飯に乾燥パセリをかける。

みそデミハンバーグ

デミグラスソースを簡単に再現！

定番のハンバーグを作るわけだが、みんなは何をつけて食べる？俺は断然「デミグラス派」だ。

だがこれを自作するとなると、けっこうな手間と時間がかかるよな。そこでだ、試行錯誤を重ね、ある意外な食材と食材を使うことで、まるで丁寧に煮込んだデミグラスソースのような味わいにさせることに成功したんだ。

その食材はというと…八丁みそとブルーベリージャム！

疑心暗鬼も当然だが、まずは騙されたと思って作ってみてくれ。

簡単なのに手間暇かけた味が実現するぞ！

肉はふっくら、ソースは俺の愛情並みに深い！
隠し味（愛）が肝心だ！

材料（2人分）

ハンバーグ
- 合いびき肉…300g
- 玉ねぎ…中1／2個
- 卵…1個
- パン粉…20g
- 牛乳…50cc
- 塩…小さじ大盛り1
- こしょう…適宜
- クミン、ナツメグ…各小さじ1／2

オリーブオイル…適量

ソース
- 赤ワイン…大さじ3
- 八丁みそ…大さじ1
- ケチャップ…大さじ2
- ブルーベリージャム…小さじ2〜4（お好みで）
- バター……10g

強靱な肉体……随時

YAMATOレシピのキモ

八丁みそは名古屋圏の人ならおなじみの赤いみそのこと。独特の渋みと甘みがあるから、カレーや麻婆豆腐に入れたり隠し味として使うと風味が格段にアップするぞ。

特に上腕二頭筋の
トレーニングは
怠るべからず！

1

常日頃からトレーニングし、強靱な肉体をキープしておく。

2

玉ねぎはみじん切りの後、オリーブオイルを引いたフライパンでしんなり色づくまで炒め、その後冷ます。パン粉に牛乳を含ませておく。

3

ハンバーグの材料をすべてボウルに入れ、ひき肉に手の熱が伝わる前に手早く練る。

4

ハンバーグのタネを半分に分け、それぞれ小判形に成形する。

5

オリーブオイルを引いたフライパンに4を入れて両面に焼き目を付け、その後水を注いでふたをして蒸らし、中までしっかり火を通す。

YAMATOレシピのキモ

ハンバーグに火が通ったかどうかの目安は、楊枝を差し、透明な肉汁が出たらOKだぞ！

6

フライパンに残った焼き油をサラシでこし、バター以外のソースの材料と一緒に弱火にかける。最後にバターを入れて照りを出し、ハンバーグにかける。

完成！

市販のルーや缶詰を使わない手作りの味!

鶏肉とブロッコリーのみそシチュー

寒くなると食べたくなる味といえば、そうシチューだ!

シチューと聞いて、まずはどんなものを思い浮かべるだろうか。

デミグラス系かホワイトソース系か。そうだな、俺は冬場であればホワイトソース系がなにやら無性に食べたくなる。

しかしこのホワイトシチュー、案外作り方を知らないって人も多いと聞く。ほとんどの人が市販のルーや缶詰を使ってるそうじゃないか。うーん。

確かに手軽で便利なんだがそれは手抜きしたいときにして、普段はぜひとも手作りする方法を知っておいてほしい。

そこで今回は基本となるホワイトソースの作り方から丁寧に伝授していこうと思う。しかもみそ入りでほっこり味だ。

ホワイトシチューに
みそを入れた
この組み合わせは
ヤミツキになるぞ!

和洋折衷テク
炸裂!
心も体も俺のレシピで
あったためてやる!

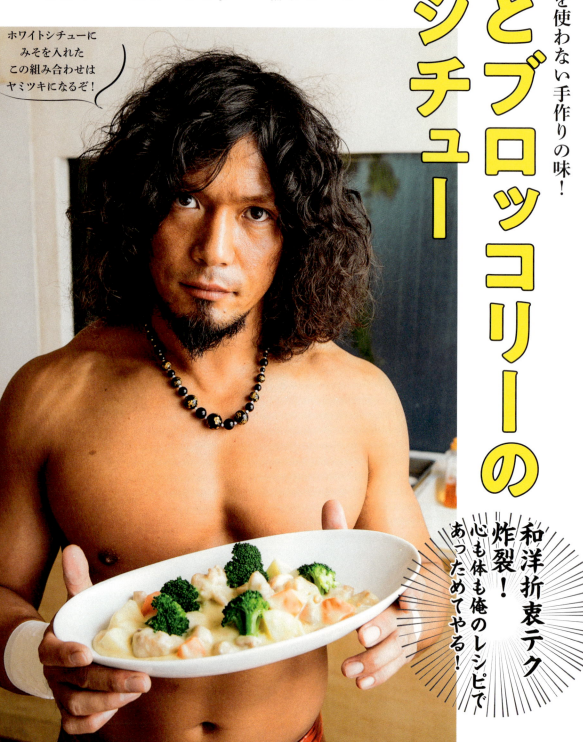

材料（4人分）

- 牛乳…500cc
- 薄力粉…40g
- バター…30g
- 玉ねぎ…1／4個
- 鶏もも肉…400g
- ブロッコリー…1房
- にんじん…1本
- じゃがいも…3個
- コンソメスープ…300cc
- オリーブオイル…大さじ2
- 白ワイン…50cc
- 白みそ…大さじ4
- 強靱な肉体…随時

YAMATOレシピのキモ

みそはみそでも「白みそ」！

強い肉体なくして
うまい料理は
生み出せないぞ！

1

常日頃からトレーニングし、強靱な肉体をキープしておく。

弱火でじっくり
根気よく炒めろ！

2

ホワイトソースを作る。玉ねぎはみじん切りにし、フライパンにバターを溶かし、焦げないよう弱火で玉ねぎをじっくりと炒める。

3

2にふるいにかけた薄力粉を加え、炒め合わせてひと塊にする。このときも焦げないよう弱火で火を通す。牛乳を30cc程度ずつ加えながら混ぜ、ホワイトソースを完成させる。

YAMATOレシピのキモ

最初から牛乳をたくさん加えるとダマになってしまうので、必ず少量ずつ加えるようにするのが失敗しないためのコツだ！

4

一口大に切った鶏もも肉に強めに塩、こしょう、小麦粉（分量外）を振る。小房ごとに分けたブロッコリー、皮をむき乱切りにしたじゃがいも、にんじんを別々に下ゆでする。

5

鍋にオリーブオイルを引いて鶏肉を強火で炒める。全体に火が通り皮目に焦げ目が付いたら、中火にして白ワイン、コンソメ、ホワイトソースを加えて混ぜる。4も加え、塩、こしょうで味を調える。

完成！

6

弱火にして白みそを加えてひと混ぜして溶ければ完成。

中華の調味料を使いこなそう！

王道の麻婆豆腐

中華の王道料理といえば、麻婆豆腐を思い浮かべる人は多いのではないだろうか。

毎日の食卓でも、よく登場する料理だと思う。しかし実際のところは、市販のレトルトの素を使って調理する人がほとんどなのではないだろうか。

そのこと自体は否定はしない。便利だしなかなかうまいよな。

しかしながら市販のたれを使うのもいいが、自身できちんと調味料を使って作ると、より香りや味わいを楽しむことのできる料理に仕上がるぞ。

また「豆板醤《トウバンジャン》」や「甜麵醤《テンメンジャン》」、「豆鼓《トウチ》」や「花椒《ホアジャオ》」など、基本的な中華の調味料が活躍するレシピゆえに、その調味料をしっかりと確実に、使いこなせるようになっておきたいところ。

そこで今回は、中華の調味料をどう使うのか、どんな味や特徴があるのかをマスターするつもりで作ってみてほしい。

食欲のそそり方がハンパないだろ…。にんにくもガツンッと効いていて、男ウケバツグンだ！

材料（3人分）

絹ごし豆腐…1丁
豚ひき肉…150g
にんにく…1片
しょうが…2かけ
長ねぎ…1／4本
豆豉…5g
豆板醬…小さじ1
甜麺醬…大さじ1
砂糖…大さじ1
しょうゆ…大さじ1
酒…大さじ3
鶏ガラスープ …150cc
サラダ油…大さじ3
片栗粉…大さじ1
ごま油 …少々
花椒…少々
（なければ粉山椒でも可）
黒ごま…少々
細ねぎ…3㎝程度
強靭な肉体…随時

YAMATOレシピのキモ

普段、中華をあまり作っていないと常備されていない調味料もあるだろうが、これを機に揃えてみてくれ。料理の幅が一気に広がるぞ。

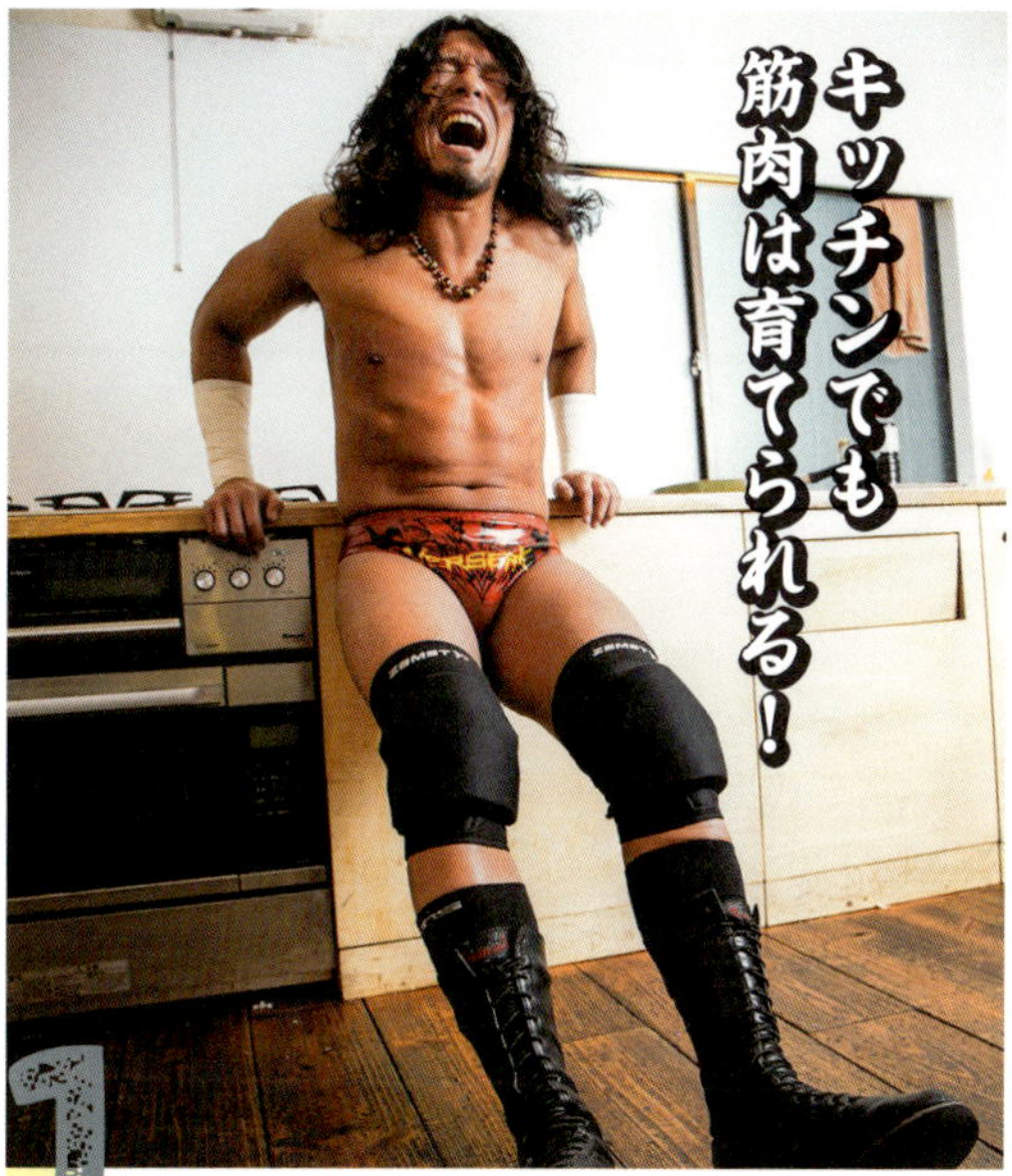

1

常日頃からトレーニングし、強靭な肉体をキープしておく。

2

絹ごし豆腐は、横半分に切った後、ひし形に切る。鍋にお湯を沸かして大さじ1程度の塩（分量外）を加えてひと煮立ちさせ、その後ざるにあける。

YAMATOレシピのキモ

豆腐の切り方は基本は食べやすいサイズならOKだが、おすすめはひし形だ！　見た目もきれいだし、たれがよくからまるからだ。

3

にんにく、しょうが、長ねぎ、豆豉はそれぞれみじん切りにする。

YAMATOレシピのキモ

華麗な包丁さばきを動画で見せてやりたいぜ！

4

油を引いたフライパンに3の薬味を加えて強火にかける。香りが立ってきたら豆板醬を加え、ひき肉も入れて炒める。

5

ひき肉に火が通ったら甜麺醬、料理酒、砂糖、しょうゆ、鶏ガラスープを加え、ひと煮立ちしたら豆腐を加える。

6

片栗粉をからめたら、小口切りにした細ねぎを加え、ごま油をひと垂らししたらお皿に盛る。

7

すった花椒と黒ごまをふりかける。

完成！

YAMATOレシピのキモ

食べる直前にすると、より風味が増してうまくなるぞ！

YAMATOのこだわり1

工程1に手を抜かない

体の奥底までYAMATOになれ
敵はいつだって自分の弱き心だ!
美しい自分をイメージしろ!
TRIBE VANGUARD

「レスラーYAMATOの筋肉キッチン」で紹介するレシピには、ある共通するものがある。

それこそ、工程1の**「常日頃からトレーニングし、強靭な肉体をキープしておく」**だ。

YAMATOレシピを何度か作ったことのある人はわかるように、この工程1以外は実はいたって普通。質実剛健、実にまじめな料理手順だ。けっしてイロモノ系のレシピではないことはおわかりいただけるだろう。

がしかし、この**工程1はYAMATOレシピのキモ**でもある。それゆえ、撮影時にはガチで工程1から始めているんだ。

(にしても、いろいろやらされたもんだなぁ…笑)

みなさんもぜひ、YAMATOレシピで作るときはこの工程1を大事にしてほしい。

YAMATOレシピを作ることで、BODYまでYAMATOになっていただきたい! いや何? 望んでないって? そんなこと言わず、黙ってスクワットだ!

第2章

本気で食べるなら
漢《おとこ》のがっつりレシピ

食欲を掻き立てるカレールーをプラス！

カレーレバニラ

男の胃袋を
これでもかと
わしづかみ
したいときに！

男が好きなスタミナメニューといえば、レバニラ炒め！
がっつりにんにくとしょうがを効かせたボリューム満点の一皿は、男の闘争心に火をつけるレスラーＹＡＭＡＴＯにとっても欠かせないメニューだ。
そんなレバニラをさらにパワーアップさせたレシピを考案したぞ。どんなふうにパワーアップしたかって？ それはズバリ、「カレールー」を隠し味として投入したという点なんだ。
ただでさえ食欲を掻き立てるレバニラにカレーの風味も加わって、最強のうまさが実現したぞ。

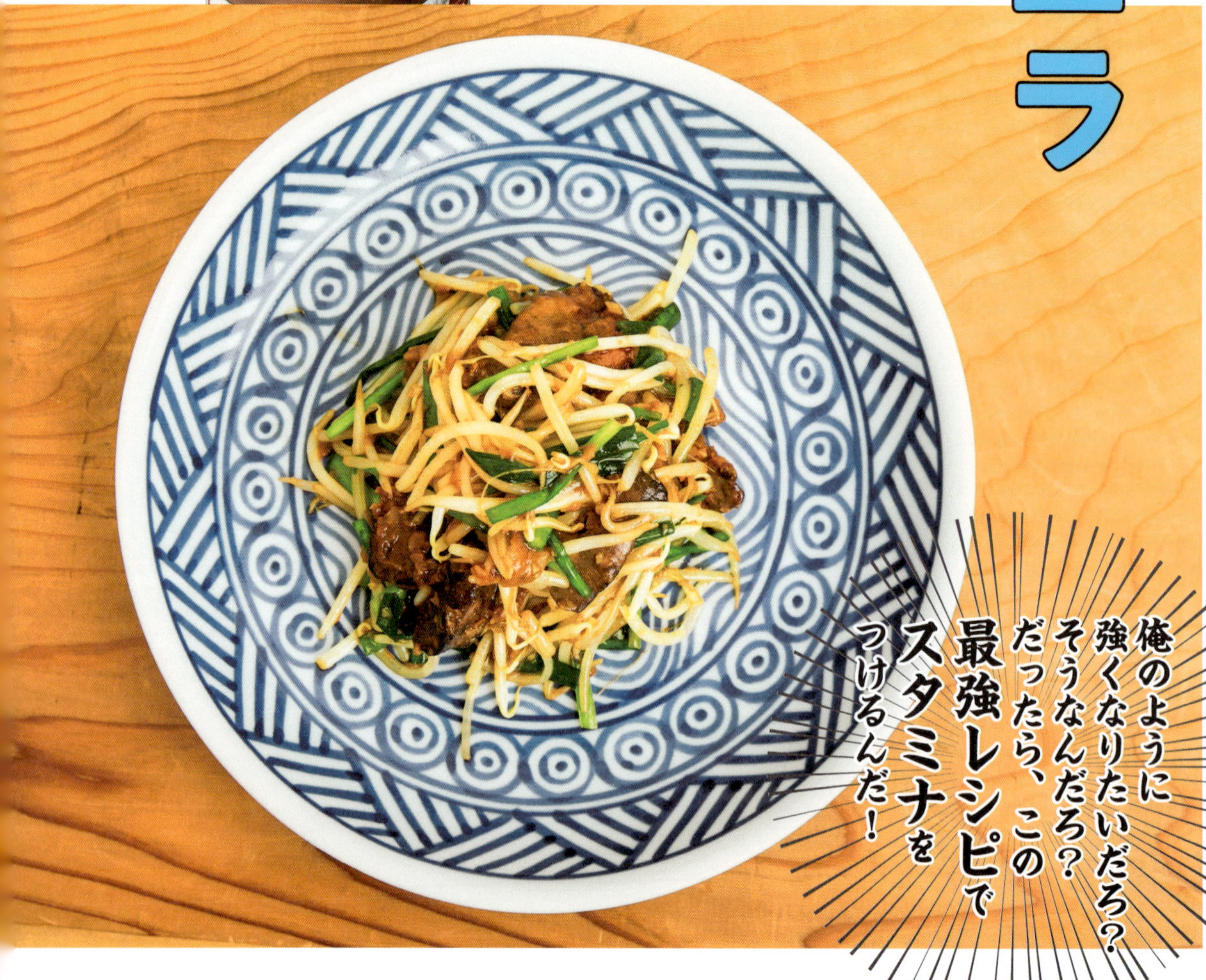

俺のように
強くなりたいだろ？
そうなんだろ？
だったら、この
最強レシピで
スタミナを
つけるんだ！

材料（2人分）
豚レバー…200g
もやし…1袋
にら…1/3本
にんにく、しょうが
…各1片
調味料
しょうゆ…大さじ2
酒…大さじ3
砂糖…大さじ1
酢…小さじ1
オイスターソース
…小さじ1
カレールー…約10g
牛乳、しょうゆ、酒、こしょう、薄力粉…各適量
卵黄…1個分
強靱な肉体…随時

YAMATOレシピのキモ

レバーは豚レバーがおすすめだが、お求めやすい鶏レバーでも十分うまいぞ。

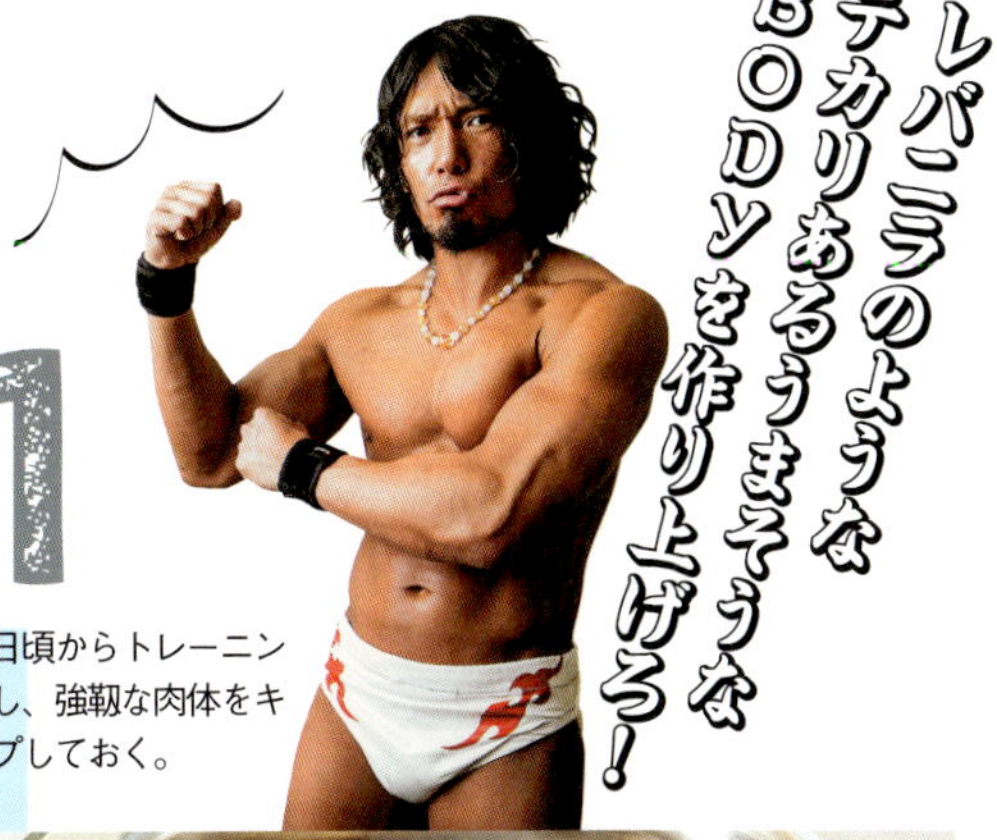

レバニラのような
テカリあるうまそうな
BODYを作り上げろ！

1

常日頃からトレーニングし、強靱な肉体をキープしておく。

2

レバーは牛乳に約30分浸して臭みを取り、その後流水で流す。

YAMATOレシピのキモ

レバーの下処理を怠ると、臭みが出ておいしさ半減だ。

腰が引けてるって？
気のせいだ、
気のせいだぞ！

3

水気をきったレバーにしょうゆ、酒、卵黄、こしょうで下味を付け、その後薄力粉を混ぜて160℃の油で揚げる。

4

もやしのヒゲは、できれば取っておこう。にらは5cm程に切る。にんにく、しょうがはみじん切りに。

YAMATOレシピのキモ

レバーはあらかじめ油通ししているから、その後、さっと短時間でフライパンを煽るだけで完成するぞ。スピードが勝負の一品だ！

5

調味料はあらかじめ合わせておく。カレールーは細かく刻んで加え、溶かしておく。

6

油（大さじ1）を引いたフライパンを強火にかけ、にんにく、しょうがを投入。香りが立ったらレバー、もやしを炒める。

YAMATOレシピのキモ

華麗な鍋さばきは鍛えた上腕二頭筋、三頭筋のなせるワザ！　工程1をサボった者は反省せよ！

7

5を加え、にらも加えたら鍋を振り、にらがしんなりするまで炒める。

完成！

肉ゴッロゴロのボリューミーな一品!

黒酢の酢豚

　中華店で食べる酢豚ももちろんうまいんだが、酢豚好きの俺としてはこだわりがあるぶん、自分で作ったほうが満足できるんだな。

　ちなみに俺のこだわりは肉がゴッロゴロの大きめサイズで、酢はまろやかでコクも香りも抜群な黒酢を使用したレシピだ!

　ツンとこないまろやかな黒酢の酢豚は、酢が苦手な男でも気に入る一品だから、ぜひともマスターしてみてくれ。

　野菜の下ごしらえは面倒くさがらずきっちりこなそう!

　ちなみに俺は酢豚にパイナップルは入れない派だ!

甘みをハチミツで
加えたのも
うまさの秘密だぞ

一見強くて
がっつり系なのに、
食べると優しい味…。
まさに俺のような
ギャップ萌えを
再現したぞ!

材料（2～3人分）
豚バラブロック肉…300g
ピーマン…3個
にんじん…1本
玉ねぎ…1/2個
干ししいたけ…2個
下味用｜しょうゆ、みりん、酒、こしょう、卵黄…各適量
揚げ油…適量
薄力粉…適量
黒酢…100cc
砂糖…大さじ4
オイスターソース…40cc
はちみつ…数滴
片栗粉…大さじ1
ごま油…ひと垂らし
強靭な肉体…随時

どっしり…
料理に必要なのは愛情と強靭な肉体だ!!

1

常日頃からトレーニングし、強靭な肉体をキープしておく。

ドドドドドド

2

豚バラブロック肉はひと口大に切り、しょうゆ、みりん、酒、卵黄、こしょうを混ぜたもので下味を付け、30分程度置いておく。

YAMATOレシピのキモ

大きめに切った肉には下味を付け、寝かせて味を浸透させることを忘れずに！

3

干ししいたけは砂糖少々（分量外）を加えたぬるま湯で戻し、斜め切りにする。

干ししいたけをゆっくり戻す時間がないときは、ぬるま湯＋砂糖につければすばやく戻すことができるぞ！

4

ピーマンは種を取って乱切り、玉ねぎはくし形切り、にんじんは乱切りの後、下ゆでする。

5

鍋に黒酢、砂糖、オイスターソースを合わせて火にかけ、ひと煮立ちさせておく。

脱。

油VS俺！

6

2に薄力粉をまぶし、180度の油で揚げる。野菜類もサッと油通しする。

YAMATOレシピのキモ

このとき野菜類も素揚げしておくこと！　これをするとしないとで食感は大きく変化するぞ。

7

フライパンで5を強火にかけ、豚バラ肉、野菜類を加えてひと煮立ちさせたらはちみつを垂らし、水溶き片栗粉で止め、ごま油を垂らしてフライパンを振り、お皿に盛る。

完成！

某有名チェーン店超え!?

コク旨牛丼

まさに満を持して紹介するレシピこそ、この牛丼だ。

女性にとっては「たかが牛丼」かもしれないが、男にとっては「されど牛丼」！

牛丼には男のロマンが詰まっているからこそ、絶対においしくなければならない食べ物のひとつ。

某有名チェーン店の牛丼は俺も好きなんだが、あの牛丼を超える味を作ってみたくて、試行錯誤してみたぞ。

旨味を凝縮させつつも簡単に作れるレシピを考えてみたので、ぜひとも作ってみてほしい。

旨味の秘密はなんだって？ そう、なんと隠し味に赤ワインとみそを使っているんだ！

絶対に男心をつかめる
超鉄板レシピだぞ！

男のロマンを
ひったひたに
満たして、
胃袋を
わしづかめ！

材料（4人分）
牛こま切れ肉… 350g
玉ねぎ…大1個
だし… 600cc
赤ワイン… 大さじ4
みりん … 大さじ1
砂糖… 大さじ2
しょうゆ …大さじ1
みそ… 大さじ2
しょうが、にんにくのすりおろし…各小さじ2
牛脂…2個（約14g）
ご飯… 適量
紅しょうが、七味
… お好みで
強靭な肉体…随時

YAMATOレシピのキモ

ポイントは赤ワインとみそと牛脂だ。これでグッとコクが出て、一気に“プロっぽい味”に仕上がるぞ。

バッキバキのストロングボディをめざせ！

1

常日頃からトレーニングし、強靭な肉体をキープしておく。

2

牛こま切れ肉は食べやすい大きさに、玉ねぎはくし形に切る。牛脂を溶かしたフライパンでしょうがとにんにくを中火で炒め、香りが立ったら玉ねぎを加え、その後牛こま切れ肉を入れる。玉ねぎが透明になるまでじっくりと炒める。

YAMATOレシピのキモ

普通の油ではなく、牛脂を使って炒めるのがこのレシピ最大のポイントだ。牛脂はスーパーでもらえることが多いので、肉売り場をチェックしろ！

赤ワインで味に深みを出すぞ！

3

2に赤ワインを加えていき、アルコールをきっちり飛ばしたら火を止める。

みそがミソ！
ドヤ

4

鍋にだしを沸かし、3を加える。砂糖、みりん、しょうゆ、みそを加えて味を調整する。

完成！

5

丼にご飯を盛り、4をのせる。お好みで紅しょうが、七味などをふる。

盟友ハルク選手も飛び入り参加！

漢《おとこ》の天津飯

今回のレシピは、特別ゲストを招いてお届けするぞ。

そう、この男！ DRAGON GATEの盟友B×Bハルク！ 俺の料理の腕前が気になったのか、それとも単なる愛情なのかは知らんが、撮影現場に遊びに来たぞ。

というわけで今回は、B×Bハルクのようなマッチョ男の胃袋もつかめる中華の一品「天津飯」を作ってみたいと思う。

やつのプレイスタイルのように、秒速で華麗に仕留めてやるから、まぁ期待して待っていろ！

スピーディに
作れる一品だ！

B×Bハルクも
絶賛の味を
お届けするぜ
B×Bハルクを
仕留めることが
できるのは…
この天津飯だけだ！

材料（1人分）

- 卵…Lサイズ2個（Mサイズなら3個）
- むきえび… 20g
- 長ねぎの青い部分…約5㎝
- ご飯…200g
- サラダ油…大さじ3
- 塩、こしょう…各少々
- あん
  - 中華スープ…75cc
  - 砂糖…大さじ1／2
  - しょうゆ…大さじ1／2
  - オイスターソース…小さじ1／2
  - 酒…大さじ1と1／2
  - 酢…小さじ1／2
- ラード…小さじ1／2
- ごま油…少々
- 水溶き片栗粉…少々
- 強靭な肉体…随時

こんなおかしなポージングでも筋肉を美しく魅せるのがプロだ！

1

常日頃からトレーニングし、強靭な肉体をキープしておく。

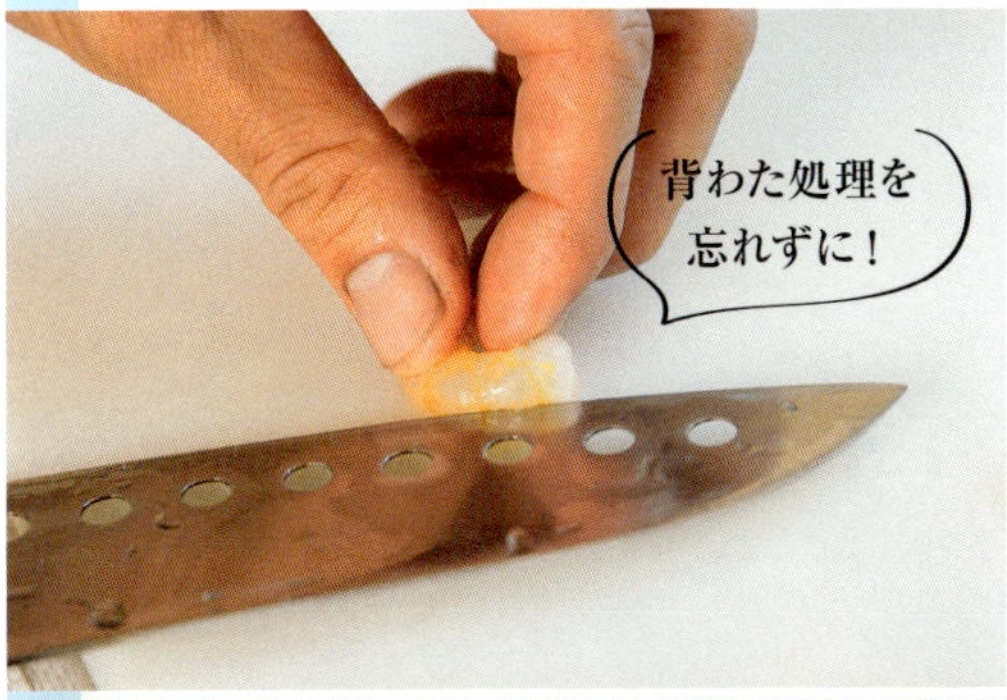
背わた処理を忘れずに！

2

ねぎの青い部分を刻んでおく。ボウルに卵、背中を開いたエビ、刻みねぎを加えて塩、こしょうして混ぜる。

3

あんを作る。ラードを溶かした鍋にあんの材料をすべて入れ火にかけ、煮立ったら水溶き片栗粉でとめ、ごま油を垂らす。

せっかくハルクが来てるってことで、空中卵焼き回しを決めてみたぞ！

4

油を引いたフライパンに2を流し入れ、強火で一気にかき混ぜて円状に成型する。フライパンの淵からサラダ油（分量外）を回し入れ、ぐるぐると回しながらひっくり返す。

5

皿にご飯を盛り、その上に卵とあんをかける。

まじうまいっす！
どこがどう？もっと具体的に!!
完成！

王者の青椒肉絲

炒め物の王者がついに降臨!

炒め物の王者がついに降臨!

そう、「青椒肉絲」を紹介しようと思う! が、まずは「青椒肉絲」、このなんとも難しい漢字だが、ちゃんと読めるか?

そう、答えは「チンジャオロース」だ。「筋肉キッチン」マニアなら読めて当然だよな。

読めなかったってやつは、まずは料理の前に漢字の書き取りからやっていただこう。

このレシピはあらゆる炒め物の極意が詰まった一品なので、料理の腕を磨くのに最適だぞ。

料理も漢字も
両方マスターせよ!

どうだ。細切りの食材なのに食感もあって、激うまだろ?

材料（2人分）
豚ももブロック肉
（半冷凍に）…180g
ピーマン…３個
たけのこの水煮…中１個（約120g・中のひだひだ部分は使わない）
調味液
しょうゆ…大さじ１
酒…大さじ２
砂糖…大さじ１
酢…小さじ１
オイスターソース
…小さじ１
にんにく…１片
しょうが…１かけ
肉の衣
卵黄、酒、
塩、こしょう、片栗粉、
サラダ油…各少々
サラダ油…適量
ごま油…少々
強靭な肉体……随時

YAMATOレシピのキモ

たけのこの水煮、中のひだひだ部分を使わないのは食感を合わせるためだ。捨てるのではなく、炒めたり煮たりして消費するようにしてくれ。

王者の味にふさわしいBODYを作れ！

1

常日頃からトレーニングし、強靭な肉体をキープしておく。

2

豚ももモブロック肉は半冷凍して繊維に沿って細切り。ピーマンはへたと種を取って縦に細切り。たけのこも繊維に沿って細切りにした後、熱湯にくぐらせる。にんにく、しょうがはみじん切り。調味料はあらかじめ合わせておく。

YAMATOレシピのキモ

ブロック肉は半冷凍状態だと細切りにしやすくなるぞ！

3

ボウルに卵黄、酒、塩、こしょう、片栗粉、サラダ油を入れて軽く混ぜる。そこに細切りにした肉を入れてあえ、熱したサラダ油で揚げる。

YAMATOレシピのキモ

中華の炒め物で欠かせない工程・油通しだ。今回は肉なので卵黄を衣に使ったぞ。さっと火を入れるだけで仕上がりが段違いだ！

4

サラダ油を引いたフライパンでにんにく、しょうがを強火で炒め、香りが立ったら豚もも肉、ピーマン、たけのこを炒める。調味液を加え、フライパンを煽ったらごま油を加えて皿に盛る。

YAMATOレシピのキモ

肉はあらかじめ油通ししているから、さっとフライパンを煽るだけでOKだぞ！

さきいか入りでうまさ倍増!?

極上の豚キムチ

「豚キムチ」は、簡単メニューの代表的なレシピだよな。

何も考えずにテキトーに豚肉とキムチを炒めるだけで、それなりの味になる一品だ。簡単でうまいゆえに人気のレシピなんだろう。

しかしこのYAMATOが何も考えずに料理すると思うか?

こういう誰しもが簡単にできるレシピほど、気合いを入れるのが俺が俺であるゆえん!

そんなわけで最高にうまい「豚キムチ」を求めて試作した結果、簡単さはそのままに、旨味をさらに格上げすることに成功した。

ごくごくベーシックな豚バラ肉とキムチの組み合わせを土台にしながらも、ちょっぴり変化球な材料も投入するぞ。

辛いだけじゃなく、日本人好みの「コクのある甘み」をしっかりと感じられるレシピに仕上がったと自負している。バージョンアップした豚キムチを味わってくれ!

さきいかと
はちみつが
うまさの秘訣だ!

材料（2人分）
豚バラ肉…200g
白菜キムチ…200g
（汁をきる前）
キャベツ…100g
さきいか…50g
めんつゆ(4倍希釈)
…大さじ 2
酒…大さじ1
はちみつ…小さじ1
にんにく…1片
しょうが…1片
白いりごま…小さじ2
（＋仕上げに少々）
あさつき（または万能ねぎ）
…適宜
サラダ油…大さじ 1
ごま油…少々
塩、こしょう…各少々
強靭な肉体…随時

YAMATOレシピのキモ

ここで注目の食材とは、そう、「さきいか」だ！ 旨味が凝縮したおつまみだが、これを豚キムチに入れたところ、最高の味に仕上がったんだ。楽しみにしておけ。また甘みを足す際に、砂糖やみりんではなく「はちみつ」を使ったのもポイントだぞ。

キムチのような
辛口BODYを
めざすんだ！

1

常日頃からトレーニングし、強靭な肉体をキープしておく。

キムチはぎゅっと
汁を絞っておけよ。
味がぶれるぞ！
「恐怖の味噌

2

豚肉はひと口大に切る。キャベツは小さめのざく切り。さきいかは細かく裂く。白菜キムチは汁を絞っておく。にんにく、しょうがは各みじん切り。

3

サラダ油を熱したフライパンに強火でにんにく、しょうがを炒め、香りが立ったら豚肉、さきいかも入れ炒める。

はちみつの甘さが
味の決め手になるぞ！

4

豚肉に火が通り、さきいかがしっとりとなじんだらキャベツも炒める。キャベツに火が通ったらキムチ、めんつゆ、酒、はちみつを加えてフライパンを数回煽る。

5

ある程度水分が飛んだら白いりごま、ごま油を加えてもう一度フライパンを煽り、お皿に盛る。白いりごま少々、小口切りにしたあさつき（または万能ねぎ）を彩り＆香りづけのためにふる。

完成！
見た目・
食感・旨味…
俺並みに
パーフェクト
だろ？

黄金のえびチリ

定番えびチリに冷蔵庫に必ずあるアレをプラスするだけ！

中華屋に行けば必ず頼むという人も多いであろう大人気の「えびチリ」だが、即席の「素」を使うことなく作れるようになってみたくないか?

普段から中華を作り慣れていないと、いったい何を入れればあの味になるの? と思うかもしれない。しかし実際に作ってみれば、気軽に用意できるものばかりで作れることに驚くこと受け合いだ。

そして今回は、定番のえびチリに冷蔵庫に必ずある「あるもの」を最後にプラスして、いつもとは違う味を提案しているんだ。味がまろやかになってお子さんでも食べやすくなるはずだ。

また餃子の皮を揚げたものをあしらうことで、酒のつまみとしてもより楽しめるようにしてみたぞ。

えびの大きさは、大きければより漢《おとこ》っぽく、小さめのものを使えばよりご飯のおかずに合うようになるぞ。ぜひともそのときの気分で選んでくれ。

卵のからめワザでまろやかさを勝ち取ったえびチリは、誰に出しても負け知らずだ！

材料（4人分）
むきえび…300g
しょうが…1片
にんにく…1片
長ねぎ…1／4本
ケチャップ…大さじ3
砂糖…大さじ1
しょうゆ…大さじ1
酢…小さじ1
中華スープ…150cc
豆板醬…小さじ1
サラダ油…大さじ1
水溶き片栗粉…大さじ1
溶き卵…1個分
塩、酒、卵白、薄力粉、餃子の皮…各適量
強靱な肉体…随時

ドヤッ！

1

常日頃からトレーニングし、強靱な肉体をキープしておく。

えびの背中に包丁を入れておくことで、火を入れたときにパッと開きボリュームが出るぞ！

2

むきえびは背中を開き、塩、酒、卵白で下味を付けた後、薄力粉を混ぜ、160℃の油で揚げる。

3

しょうが、にんにく、長ねぎはそれぞれみじん切りにする。ケチャップ、砂糖、しょうゆ、酢はあらかじめ合わせておく。

YAMATOレシピのキモ

みじん切りは丁寧に。ただし時間がないときはチューブのしょうがやにんにくを使ってもOKだ。

4

油を引いたフライパンを中火にかけ、薬味と豆板醬を炒める。香りが立ったら合わせ調味料、中華スープを加え、ひと煮立ちさせ、えびを投入する。

5

水溶き片栗粉でとめたら、火を止める。ごま油（少々）を垂らしたら、溶き卵を加え、余熱で手早く混ぜ合わせたら完成。

大人も子どもも喜ぶ、スナック感覚のお手軽なつけ合わせだ！

6

餃子の皮を細切りにし、さっと色づくまで揚げ、完成したえびチリに添える。

YAMATOレシピのキモ

サクサクした餃子の皮を濃厚なえびチリのたれにつけ、2種類の触感を楽しんで食べてくれ。

完成！

なんと、フライパンいらずで作れる⁉

カリフラワーと小えびマヨ

今回は、みんなが大好きなあの「えびマヨ」のレシピをご紹介しようと思う。

えびマヨと聞くと、おいしいものの、揚げたりたれを絡めたりと、手間がかかるうえ、カロリーも膨大なイメージがあるんじゃないだろうか。そうだろう。

しかし今回は、手間もカロリーもかからない、驚きのレシピを考えてきたぞ。

えびマヨはえびマヨでも、揚げもしないし炒めもしない。

え？ どういうことかって？

ふふふ。

まずは使う材料が決定的に違うんだ。いわゆる「むきえび」は使わず、干しえび（桜えび）を使うぞ。しかもフライパンも油を使わずに、あえるだけで完成するんだ。しかもなんとわずか10分で！

イメージが湧かないって？

そうか、じゃあ実際に作ってお見せするしかないようだな。楽しみにしてくれ！

材料（2人分）

マヨネーズ… 大さじ6
牛乳…大さじ1
ケチャップ …大さじ1
砂糖…小さじ2
粒マスタード…小さじ2
干しえび（桜えび）…15g
カリフラワー…半株
強靭な肉体…随時

今回は特に上腕二頭筋を鍛え上げる必要があるぞ！

1

常日頃からトレーニングし、強靭な肉体をキープしておく。

1で鍛え上げた上腕二頭筋でかき混ぜろ！

2

マヨネーズ、牛乳、ケチャップ、砂糖、粒マスタードをボウルで混ぜ合わせる。

3

カリフラワーを小房に分け、鍋に塩ひとつまみ（分量外）を入れた熱湯で1分ほどゆでる。その後ざるにあけ、塩少々（分量外）をふり、粗熱が取れ水気が飛ぶまでそのまま置いておく。

カリフラワーの代わりに、ブロッコリーなどほかの野菜でも代用ＯＫ！

もぐもぐ
うまいからって味見をしすぎないようにな。俺はやりがちだ！

4

3の粗熱が取れたら2のボウルに入れ、干しえびも加えて混ぜたら完成。

完成！

フライパンは使わねぇ！鍛え上げた筋肉で作るえびマヨは絶品だろ？

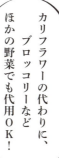

意外な「和」トッピングでうまさ爆上げ!

ヤミツキ麻婆なす

和食はもちろん、イタリアン、フレンチ、タイ、スパニッシュ…と家庭でも世界各国のさまざまな料理を作ることができるが、短時間で作れてうまい料理といえば、やっぱり〝中華〟。

がっつり食べられる中華は、俺だけでなくほとんどの男が好きなんじゃないか。彼氏に「何か料理を作ってあげたい」という女性には、簡単に作れるのにうまい中華をおすすめするぞ。

そんなわけで中華の中でも野菜をたっぷりとることのできる「麻婆なす」を伝授しよう。

この麻婆なすに、冷蔵庫に常備されているあるものをトッピングして食べるのがYAMATO流!

あるものとは…
ズバリ「たくあん」だ!

アクセントに
入れたたくあんは、
俺の関節技に負けない
ホールド力だ!
試してみてくれ!

材料（3人分）

豚ひき肉…150g
なす…3本
ピーマン…2個
しいたけ…4個
にんにく…1片
しょうが…2片
長ねぎ…1／4本
豆板醤…小さじ1
甜麺醤…大さじ2
砂糖…大さじ1
しょうゆ…小さじ1
料理酒…大さじ3
鶏ガラスープ…150cc
オイスターソース…大さじ1
サラダ油 …大さじ3
水溶き片栗粉…適量
ごま油…少々
たくあん…適量
強靭な肉体…随時

中華は鍋振りが大事！ってことは筋肉も大事ってことだ！

ビシッッ!!

1

常日頃からトレーニングし、強靭な肉体をキープしておく。

2

なす、ピーマンは乱切り。しいたけは4等分にする。その後180℃の油で揚げ、ざるにあけて油をきっておく。

YAMATOレシピのキモ

しいたけは石づきの部分がうまい！　ここも捨てずにしっかり食べるのがYAMATO流！

3

にんにく、しょうが、長ねぎをみじん切りにする。

強火で一気に
GO!

4

油を引いたフライパンで3の薬味を強火で炒め、香りが立ったら豆板醤を加え、ひき肉も加える。ひき肉に火が通ったら甜麺醤、酒、砂糖、しょうゆ、鶏ガラスープ、オイスターソースを加え、ひと煮立ちさせる。

5

なす、ピーマン、しいたけを加えて水溶き片栗粉でとめ、ごま油をひと垂らししたら完成。器に盛り、細かく刻んだたくあんを散らす。

完成！

全体的にやわらか食感の麻婆なすに、たくあんのシャキシャキ食感がON！
DRAGON's DELI 改め
「恐怖の味噌汁」
Yamato Spirit

脱・ヘルシーながっつり食べ応えあり！

漢《おとこ》のゴーヤチャンプル

夏になったら食べたいものといえば、沖縄料理だ！　沖縄料理といえばゴーヤチャンプルだ！　ん？　強引か？　いや、これ以上ない美しい連想ゲームだよな。

そんなわけで今日は夏の風物詩でもあるゴーヤチャンプルを作ろうと思うんだが、普通ゴーヤチャンプルっていえば、野菜や豆腐をたっぷり使い、ヘルシーなイメージだよな。

しかし男の一部には、そんなヘルシー信仰に実はうんざりしている者もいる。

そこでYAMATOが作るからには「男がこれはうまい！」とうなる、もっと食べ応えのあるがっつりした肉がたっぷり入ったゴーヤチャンプルを作りたいと思う。

ヘルシーってなんだそれ！
おいしいのが一番だろ？

俺流に仕上げた
女子が大好きな
定番メニューだ！
「いただきます」の
ゴングが鳴ったぞ！

材料(4人分)

- ゴーヤ…1/2本
- 豚バラブロック肉……200g
- 厚揚げ…3枚(約230g)
- もやし…1/4袋
- 溶き卵…2個分
- だしじょうゆ…大さじ2
  (作り方はP82参照。用意できなければ市販のものを)
- 砂糖…小さじ1
- 塩…ひとつまみ
- 酒…大さじ1
- (あれば)コーレーグース…小さじ1
- サラダ油…大さじ1
- ごま油…少々
- 鰹節…適量
- 強靱な肉体…随時

YAMATOレシピのキモ

コーレーグースとは島唐辛子を泡盛に漬け込んだ沖縄の調味料だ。これがあると一気に本格的な味わいになるので、用意できるのなら使ってみてくれ。

1

常日頃からトレーニングし、強靭な肉体をキープしておく。

※記事の都合上、多少演出がございますことをご了承ください。

2

ゴーヤの下処理をする。縦半分に切り、わたと種をスプーンなどでこそげ取り、3㎜程度の薄切りにする。ボウルに入れ塩(分量外)をふり15分程度しんなりするまで置く。塩もみし、水で洗い流して水気を絞る。

YAMATOレシピのキモ

下処理をしっかり&薄切りにするのがゴーヤの苦みをやわらげるポイントだ!

3

厚揚げはまずは1.5㎝程度の薄切りにし、それを三角形になるよう切る。切ったら熱湯に軽くくぐらせて水気をきる。

YAMATOレシピのキモ

三角形にこだわるのはYAMATO式だが、気にせず自由に切ってくれてかまわないぞ。熱湯にくぐらせることで、悪い油を取り除くことができるから必ずやってくれ。

4

豚バラ肉はブロックのまま冷凍庫で30分程度軽く凍らせ、約1.5㎝の厚さに切る。

YAMATOレシピのキモ

軽く凍らせるのは切りやすくするためなので、完全に凍らせないように。

5

油を引いたフライパンで豚バラ肉、もやしを強火で炒め、厚揚げも加える。

6

フライパンに酒、砂糖、塩、だしじょうゆを加える。辛みが欲しい人はお好みでコーレーグースを入れて。

7

炒め合わさったら火を止め、溶き卵を加えて余熱で火を入れる。ごま油を垂らして、お皿に盛ったら鰹節で飾りつける。

完成!

ボリュームたっぷりな大きめのゴロゴロ肉が最高だ! 豆腐じゃなく厚揚げを使ったのも、ガッツリ度アップの秘訣だぞ!

YAMATOのこだわり2

手抜きせずに丁寧に

塩もみ
湯むき
くさみ取り
下ゆで
油抜き
素揚げ

手抜き、時短は
YAMATO道に
反するぞ！

インスタントやコンビニ飯が食卓にもどんどん登場している昨今、**時短や手抜きは、もはや当たり前の世の中だ。**

しかし、このYAMATOは**そんな世の中に警鐘を鳴らしたい。**

もちろん多忙の中、料理するのってものすごく大変だ。便利なインスタントや粉末だし、はたまたしょうがのチューブや即席だれを使うのも悪くない。俺も正直利用させてもらうことが多い。だが、ときに**丁寧に作る**こともやってみてほしいんだ。

それはなぜかというと、正しい調理工程や丁寧な下処理の方法や重要性、またそれによりどんな効果があるか知ったうえで時短・手抜きをするのと、何も知らないで時短・手抜きするのはまったく意味が異なるからだ。

YAMATOレシピでは時短せず、素材の下処理をしたり、だしをとったりと、できる限り丁寧な工程を紹介している。

料理初心者にこそ、まずは楽せずここから料理を始めてみてほしいぞ。

第3章

漢《おとこ》が作る女子会メニュー

女子向けレシピ

珍味パスタ3種

珍味を使った酒の肴になる一品！

レスラーというと、いつも肉にかぶりついているイメージがあるかもしれないが、実は女子も大好物のパスタもよく作るんだ。

　といっても、ここは酒飲みの俺なので、食事だけでなく酒のつまみにもなるパスタが本命だ。

　使う材料は、地方のおみやげなんかでもらうことの多い海の珍味3種！　辛子明太子&いかの塩辛&たこわさびだ。

　このレシピを考案したきっかけは、トマトとにんにくを煮詰めたイタリアの漁師風トマトソースをよく作るんだが、このソースはほのかに磯の香りがするんだ。だったら海の幸どころか海の珍味に合うのでは？　と思いつき、試してみたところ、今までのパスタソースにはなかった旨味を感じることができたというわけ。

　これらの珍味が冷蔵庫に眠っているのなら、すぐにでも作ってみてほしい。

初めてのおいしさに
たどり着くはず！

DRAGON's DELI 改め
「恐怖の味噌汁」

珍味
タッグマッチが
始まるぞ！
相手として不足なし。
心してかかるんだ！

材料（1人分×3種）
パスタ…80g×3
完熟トマト…1/2 個×3
辛子明太子・いかの塩辛
・たこわさび…各60g
にんにく…3片
オリーブオイル…大さじ3
塩、こしょう…各少々
（飾り）刻みのり、大葉、
粒こしょう…適量
強靭な肉体…随時

YAMATOレシピのキモ

いか明太やウニクラゲなど、冷蔵庫に眠っているほかの珍味でも試してみてほしい。

1 常日頃からトレーニングし、強靭な肉体をキープしておく。

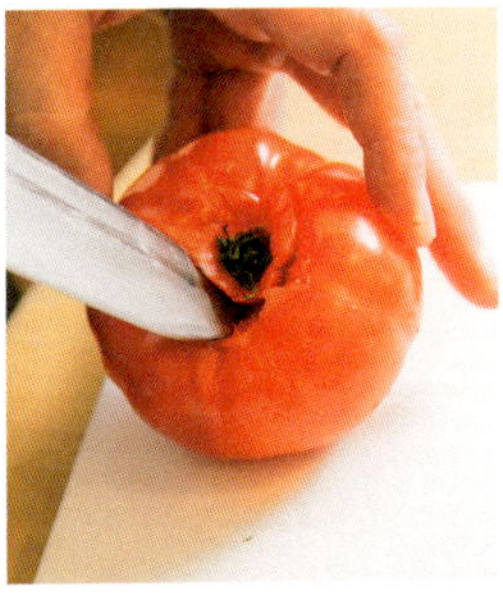

2 トマトはへたを取り、花落ちの部分（果実の下の尻部分）に十字の切れ目を入れ、熱湯にくぐらせる。皮が反り返ったら氷水にあげて湯むきし、キッチンペーパーなどで表面の水分を取る。

YAMATOレシピのキモ

トマトの湯むきは面倒がらずにやるべし！　完成時の食感が段違いだぞ。

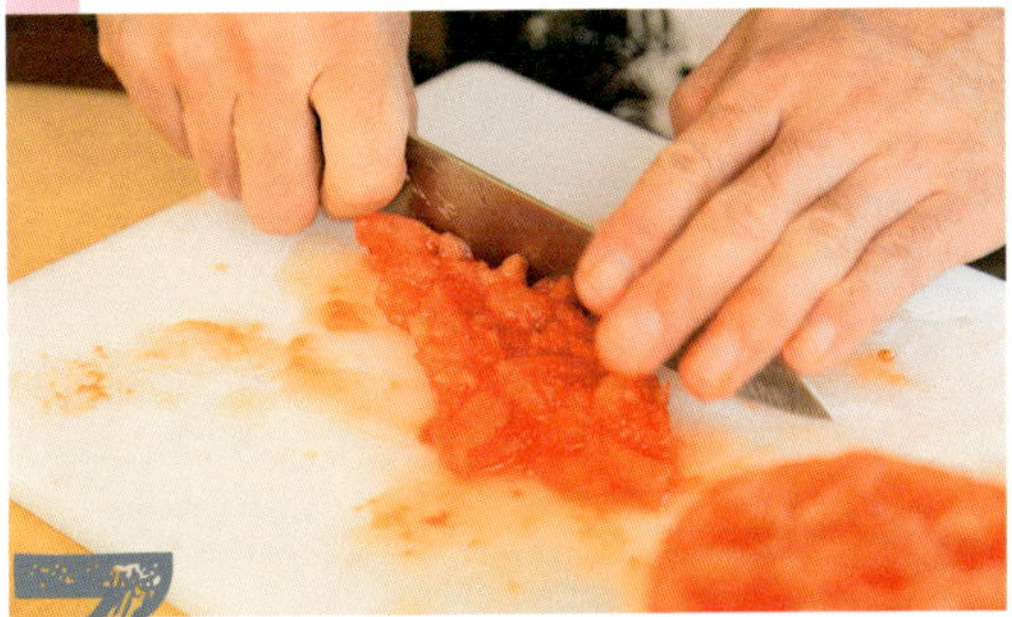

3 湯むきしたトマトを横半分に切り、スプーンの柄の部分などでゼリー状の種を取り除き、みじん切りにする。にんにくもみじん切りにする。

YAMATOレシピのキモ

種をしっかりと取り除くことで、どんな珍味との相性もよくなる。

4 熱したフライパンにオリーブオイルを引き、みじん切りにしたにんにくとトマトを炒める。トマトの形がなくなり、半分くらいの量になったらボウルにあけ、粗熱を取る。

5 粗熱を取った4を3等分にしてボウルに移し、それぞれに辛子明太子・いかの塩辛・たこわさびを入れてあえ、塩、こしょうで味を調える。

6 塩分1％の湯でパスタをゆで、湯をあまりきらずに3等分にしてそれぞれのボウルに加え、あえる。皿に盛り付け、塩辛は粒こしょう、たこわさは刻みのり、辛子明太子は刻んだ大葉で飾る。

YAMATOレシピのキモ

パスタはアツアツのまま余熱であえるのがポイントだ。

漢《おとこ》が作る弁当のおかずはコレで決まり!

きゅうりの豚肉巻き 梅肉ソース

お前らは弁当は作るか?

毎日職場に弁当を作っていったり、旦那さんやお子さんがいる方なら日々の弁当のおかずに悩んでいる方も多いことだろう。

そこでだ。

弁当作りなんぞしていない俺だが、今回は弁当に入れるとうまいとっておきのおかずを考えたので紹介しようと思う。

お届けするのはボリューム満点、味も最高、食べて元気になる、しかも作るのは簡単、そんなミラクルなレシピだぞ。

きゅうりのシャキシャキ感に豚肉のジューシーさ、また梅干しと酢のまろやかな酸味が加わり、絶妙な味わいになるんだ。

弁当にはもちろんのこと、酒の肴にもぴったりだから、ぜひとも試してみてくれよ!

ヘルシーだけどがっつり!
そんな夢のような
レシピが実現!

弁当向けの
ちまちました料理も
きっちりこなすのが
俺の魅力だと思わないか

材料（24本分・4人分）	砂糖…大さじ1
豚バラ肉…250g	酢…小さじ1
きゅうり…2本	オイスターソース…小さじ1
塩分6%のはちみつ梅干し…叩いたものを小さじ2（大きめの梅干し2粒が目安）	サラダ油…大さじ1
酒…大さじ1	白いりごま…適量
しょうゆ…大さじ1	塩、こしょう…各適宜
	強靭な肉体…随時

YAMATOレシピのキモ

梅干しはさまざまなタイプが売っているが、今回のレシピでは味にクセのない「はちみつ漬け」で「塩分6%」のものを使用するぞ。違うタイプの梅干しを使ってもOKだが、そのときは調味料の調整が必要になってくるので、注意が必要だ。

上腕二頭筋をまずは鍛え上げろ！

1 常日頃からトレーニングし、強靭な肉体をキープしておく。

2 豚バラ肉は広げて塩、こしょうし、3等分する。きゅうりは横に3等分、縦に4等分する。

YAMATOレシピのキモ

カロリーを気にしている人なら、脂身の少ないもも肉で代用しようとするんじゃないか？　だがYAMATO流に反する行為となるのでバラ肉を使ってくれ！

3 豚バラ肉1枚につききゅうりを1本巻いていく。

4 酒、しょうゆ、砂糖、酢、オイスターソースを合わせる。種を取り除いた梅干しも包丁で叩いて調味液に合わせる。

5 熱したフライパンにサラダ油を引いて伸ばしたら火を止め、豚肉のつなぎ目の部分を下にして並べる。並べ終わったら強火にしてつなぎ目を焼き付け、その後ほかの面も焼く。

YAMATOレシピのキモ

熱したフライパンの火を一度止め、つなぎ目を最初にしっかり焼き付けることで、形が崩れにくくなるぞ。つなぎ目がしっかり焼けたら、後は適当に焼いてOKなんだ。

6 すべての面に焼き色が付いたら4の調味液を加え、フライパンを振りながら水分を飛ばしていく。ある程度水分が飛んだら火を止めて白いりごまをふりかけて軽くひと振り。お皿に盛り付ける。

このレシピのキモは、
きゅうりの生の食感が残るように
一気に炒め上げることにあるぞ！

アジアンカフェにある人気レシピを自宅で再現!

パクチーえびパン

YAMATOレシピは
男だけじゃなく、
女性も喜ばせることが
できることを証明してやる!

気づいたことがある。

それはこの「筋肉キッチン」の読者の多くは女性だ、という点。

毎度男が食べたい男の本気料理を作ってきたが、こんな風に思ってる読者のみなさまもいるのではないだろうか。

それは「ＹＡＭＡＴＯの料理って女心がわかってない」と!


そ・こ・で・だ!

こんな俺にだって、女性が喜ぶ料理を作れるってことを今回ガチで証明したいと思う。

今回のレシピは「えびパン」!

そう、オシャレなアジアンカフェなんかにありそうな、あの一品だ。

さぁ、女どもよ! 俺の本気をこれでもかと見せてやるぞ!

「私、パクチー苦手なんです〜」
なんていう
女子の声は
完全黙殺だ!

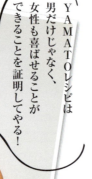

材料（3人分）
食パン…3枚
むきえび…10匹分（約150g）
玉ねぎ…大1/4個
マヨネーズ…大さじ2～3
にんにく…1片
昆布茶…4g
塩、こしょう…各適宜
バター…10g
サラダ油…適宜
粗びきこしょう…少々
刻みパクチー…適量
強靱な肉体…随時

女子向けレシピだろうと、この工程1は

無視することなかれ！

1
常日頃からトレーニングし、
強靱な肉体をキープしておく。

玉ねぎの甘みを引き出すぞ！

2
えびの身と玉ねぎは、粗いみじん切りに。にんにくはみじん切り。玉ねぎはサラダ油で透明になるまで炒め、バットにあけて粗熱を取っておく。バターはあらかじめ室温で溶かしておく。

3
ボウルにえび、玉ねぎ、マヨネーズ、にんにく、バター、昆布茶を入れあえる。塩、こしょうで味を調える。

三角形だ！

4
耳を取って2等分にした食パンの片面に、3を満遍なく塗っていく。

片面30秒ずつ！

5
160℃に熱したサラダ油で、具の面から揚げ、色が付いたら裏返して同様に揚げる。

6
バットなどで油をきり、皿に盛ったら粗く刻んだパクチー、粗びきこしょうなどで飾る。

完成！
サクッとしたパンの食感とえびのもちプリ具合がクセになるぞ！

えびの食感を残すように粗みじんに！

野菜の旨味をギュギュッと凝縮！

にんじんのポタージュ

俺はプロレスラーということもあり、全国各地を飛び回る身なんだが、そんなときとても困ることがある。それは「冷蔵庫の野菜を使いきれない」ということだ。

さまざまな野菜を買っても、巡業で数週間家をあけることも多く、そうなると野菜はすぐ腐るよな。そこで編み出したレシピがこれだ。「にんじんのポタージュスープ」。今回はにんじんと玉ねぎで作ったが、葉物野菜や根菜類、ブロッコリーなどどんな野菜でも作れるぞ。旨味がギュッと詰まったポタージュの作り方はぜひともマスターしておいてくれ！

冷蔵庫の野菜
使いきれない問題を
解決するレシピだ！

冷蔵庫の肥やしも
俺にかかれば
こんなに美しく
生まれ変わる！
惚れたか？

材料（2〜3人分）
にんじん…中1本
玉ねぎ…1個
コンソメスープ…600cc
牛乳…200cc
塩、こしょう…各適量
昆布茶…5g +2g
酒…大さじ1
オリーブオイル
…大さじ1+適量
バター…5g
強靭な肉体…随時

スープをよりなめらかに
仕上げるには、
筋肉を鍛え上げるべし！

1 常日頃からトレーニングし、強靭な肉体をキープしておく。

下ゆでが肝心！

2 玉ねぎはざく切り。にんじんは天地を落とし皮をむいた後大きめに切り、1ℓの水に昆布5g、酒大さじ1で下ゆでする。

3 オリーブオイルを引いたフライパンで中〜弱火にかけ、玉ねぎを焦げないようにじっくり炒め、下ゆでしたにんじんも加える。玉ねぎが透明になって火が通ったら、コンソメスープを加えてひと煮立ちさせる。

ドリャアァァア

4 3の粗熱が取れたらブレンダーで攪拌し、シノワ（または細かい目のざる）などで裏ごしする。

YAMATOレシピのキモ

MYブレンダー！ 俺はニトリでゲットしたぞ。ミキサーとは違い手持ち操作できるので、鍋に直接入れて攪拌できるからありがたいのだ！ お前らも料理上手を気取るならゲットしておけ！

昆布茶といえばYAMATO、
YAMATOといえば昆布茶！
覚えておけ！

5 裏ごしした4を鍋で火にかけ、牛乳を加える。塩、こしょう、昆布茶で味を調え、最後にバターを加える。器に盛り、オリーブオイルなどで飾る。

完成！

ピーナッツフレンチトースト

普通のフレンチトーストに＋αのおいしさを！

漢《おとこ》のための漢の料理を作る、というコンセプトの「筋肉キッチン」だが、ついにフレンチトーストを紹介するようになるとは俺も思いもよらなかった（笑）！

「あれ？ 女子力高めの料理作ってない？」「あれ？ YAMATOってばとうとう女に媚び始めたのか？」、そんなツッコミが聞こえてきている（俺の脳に直接お便りが届いているぞ）が、そうだ媚びて何が悪い！ 今回は女子も大好きな、あま〜いあま〜いフレンチトーストを伝授するぞ！

しかしフレンチトーストといえば、みなだいたいのレシピはわかってるはず。そこで俺は、ワンランク上の味をめざしてみたぞ。

そう、普通のフレンチトーストに、市販のピーナッツクリームを使うだけで、いともたやすくワンランク上の味になるということ発見したんだ！

そんなわけで、ぜひとも期待して作ってみてほしい。

ほのかなピーナッツの味わいが
クセになるうまさだ！
「ギャップ萌え」
狙い的なあざとさを感じたそこのあなた！
そうだ、俺は堂々と狙っていくぞ！

材料（2人分）
- 4枚切りの食パン…2枚
- 牛乳…100cc
- 卵…1個
- ピーナッツクリーム…大さじ2
- バニラエッセンス…少々
- 粉糖…小さじ1
- バター…20g
- 飾り用｜粉糖、ミント、アイスクリーム、冷凍ブルーベリーなど…各適量
- 強靭な肉体…随時

たとえ女ウケのレシピでも

強靭な肉体があってこそだ！

1 常日頃からトレーニングし、強靭な肉体をキープしておく。

2 牛乳、卵、常温に溶かしたピーナッツクリームをボウルで合わせ、泡立て器で撹拌する。ピーナッツクリームは溶けにくいので、よく混ぜる。その後、粉糖、バニラエッセンスを加える。

YAMATOレシピのキモ

減多に使わないバニラエッセンスだが、これがないとうまさが半減するから必ず使ってくれ！

液はたっぷり吸わせよう！

3 半分に切った食パンに2の液を吸わせ、バターを溶かした極弱火のフライパンで、両面に焼き色がつくまでじっくりと焼いていく。

YAMATOレシピのキモ

バターで焼くのですぐに焦げてしまうから、極弱火にしてじっくり優しく焼くのがポイントだ。ふわふわでも表面はカリッとした絶妙な食感に仕上がるぞ。

飾り付けにアイスクリームを使用。誰しもが認めるアツ&冷の最高の組み合わせだな！

4 皿に盛り付け、粉糖、ミント、お好みで冷凍ブルーベリーやラズベリー、アイスクリームなどで飾る。

完成！

のりの佃煮

YAMATO流「ごはんですよ！」は、ピリッと辛い大人のお味で…

ご飯のおかずといえば何を思い出すだろうか？

納豆に生卵、明太子にキムチなどなど、白米をおいしく食べるためのお供は数多く存在する。

中でも俺が特別に好きなのは「のりの佃煮」だ。

そう、あの永谷園の「ごはんですよ！」に代表されるご飯のお供として有名なのりの佃煮も、手作りすることでより大人の味覚に合う一品にすることができる。

今回はちょいピリ辛で甘みを抑えた仕上がりにしてみたぞ。

作り置き食材としても活用できるし、いただきものの、のりが余っているときは絶好の機会！ ぜひ作ってみてほしい。

ご飯だけでなく、クラッカーにのせたりパスタにからめてもうまい！

育ち盛りの若者なら
これだけでどんぶり
2杯はいけるぞ。
ま、俺は100杯
いけるがな！

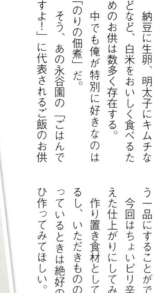

材料（作りやすい分量）	砂糖…大さじ2
のり…大5枚程度	豆板醤…小さじ1／2
水…100cc +100cc	山椒…お好みで
酒…大さじ2	白ごま…少々
しょうゆ…大さじ2	強靱な肉体…随時

YAMATOレシピのキモ

超基本的な調味料に豆板醤をプラスするだけ！　山椒は味変したいときや、より大人の味覚の方におすすめだ。

本格的な体作り、スタートさせてるか？

1

常日頃からトレーニングし、強靱な肉体をキープしておく。

すぐにふやけるぞ！

2

のりをちぎってボウルにあけ、水100ccと酒大さじ2でふやかす。

3

フッ素樹脂加工のフライパンか小さめの鍋にしょうゆ、砂糖、豆板醤、水100ccを入れ沸かす。

YAMATOレシピのキモ

少量の豆板醤が味の決め手だ！　当初は小さじ1で試作してみたんだが、試行錯誤の末、小さじ1/2が俺的にはベストな味付けだ！

4

2を3に加えよくかき混ぜながら、お好みで山椒を少々加える。鍋の底が見え、ひと塊になるまで煮詰めたら完成。器に盛って白ごまをかける。

YAMATOレシピのキモ

このぐらいの塊になるまでしっかり煮詰めてくれ。

完成！

辛いのが好きな人は、ここに一味や七味をかけるのもおすすめだ！

ちょっと奮発して、国産のりを使用してくれ。味が段違いだ！

焼海苔

さっぱりおいしいみぞれ煮をマスターせよ！

いかのみぞれ煮

煮物を上手に作りたい、と思っている人は多いはず。

今回は「いか」を使ったレシピだが、一度味付けが決まればいか以外のさまざまな具材に応用できるので、ここでしっかりと煮物についてマスターしてみてほしい。

さらにここではただの煮物ではなく、おろし大根で具材を煮るみぞれ煮を紹介している。

みぞれ煮であればさっぱり食べられるので、暑い時期でも重宝するレシピになるはずだぞ。

旨味がたっぷり浸透した珠玉の一品は、ヘルシー志向の女性にも満足いただけるだろう！

濃厚だけど、どこかさっぱりした絶妙な味わいだ！

いかの濃厚なうまみ…
その波状攻撃に
ギブアップは確実だ

材料（3人分）

- するめいか…3ハイ
- いかのわた…3ハイ分
- 大根…1／3本
- 大葉…5枚
- 調味料
  - 酒…大さじ2
  - みりん…大さじ3
  - しょうゆ…大さじ1
  - みそ…大さじ1と1/3
  - だし…200cc
  - サラダ油…大さじ2
- 強靱な肉体…随時

YAMATOレシピのキモ

いかのわたも使うので、冷凍いかではなく、きちんと生のいかを捌いて使おう！

この工程こそが うまさの最大の秘密！

1

常日頃からトレーニングし、
強靱な肉体をキープしておく。

2

するめいかを捌いて食べやすい大きさに切る。わたは取っておく。大根は皮をむき、おろし金でおろし、こし器などの上で軽く水分を取っておく。調味料は合わせておく。

YAMATOレシピのキモ

いかの詳しい捌き方を知りたい人は、「レスラーYAMATOの筋肉キッチンvol.78」（https://oggi.jp/6007324）を見よ。

3

熱したフライパンに油を引いて、するめいか、おろした大根を炒める。するめいかの色が変わり、大根の水分がある程度飛んだら、合わせ調味料を加え、わたも絞って加える。

YAMATOレシピのキモ

ちょっと見た目にはグロテスクだが、旨味の詰まったわたを堪能してくれ！

4

水分が飛び、ひと塊になったら皿に盛り付け、千切りした大葉を盛る。

YAMATOレシピのキモ

水分を飛ばし、より濃厚な味に仕上げよう。

完成！

残った汁は
納豆のたれとして
使ってもうまいぞ！

火を使わないでOK! レンジ調理で本格的な味を

みそカルボナーラ

今回は、火を使わずに、電子レンジで作れるパスタ料理を作ってみようと思う。

しかも作るのは、中でも火加減が難しいと言われるカルボナーラに挑戦してみるぞ。

しかしレンジで作るこのレシピはフライパンを使ったガス調理よりも実は失敗しにくいので、料理初心者の方にもおすすめの一品だぞ。

しかもだ、味付けはほんのり、みそ味の和風テイストでいってみようと思う!

生クリームや卵、チーズとみそとの取り合わせは、まさに鉄板のうまさだ。ぜひ堪能してみてくれ。

余熱を利用する調理法だ!

筋肉も事前に仕込んであっためておくと、さらに簡単になるぞ!

程よい
和風テイスト…
俺の大和魂が
紛れ込んだか?
いや、
みそだ!
YAMATO

材料（1人分）

- パスタ… 100g
- 粉チーズ… 大さじ2
- 卵黄… 1個
- 生クリーム（植物性）… 大さじ2
- 白みそ… 小さじ2
- 厚切りベーコン… 50g
- 長ねぎ… 1/2本
- オリーブオイル… 大さじ1
- 粒こしょう… 少々
- 強靱な肉体… 随時

YAMATOレシピのキモ

普通のみそだとみその主張が強すぎるので、このレシピでは白みそがベストなのだ！

うまい飯はうまそうな
BODYから作られる！

1

常日頃からトレーニングし、強靱な肉体をキープしておく。

しっかり
混ぜておこう！

2

ベーコン、長ねぎは共にたんざく切りに。ボウルに粉チーズ、卵黄、生クリーム、白みそを合わせておく。

YAMATOレシピのキモ

ベーコンは存在感のある厚切りタイプがおすすめだ。

3

耐熱皿にねぎを敷き、その上にベーコンを重ね、電子レンジでカリカリになるまでチンする。目安は600Wで4分ほど。それを2のボウルに入れてまぜる。

YAMATOレシピのキモ

レンジでなくフライパン調理したい人はオリーブオイルを引いたフライパンでベーコンをカリカリに炒める。長ねぎを加え、しなっとしたらボウルに合わせる。

4

電子レンジ用のパスタ調理器を使い、レンジで塩分濃度1％にしてパスタをゆでる。お湯をあまりきらずに3のボウルに合わせてソースと絡める。

YAMATOレシピのキモ

パスタの余熱で卵がちょうどいい具合に仕上がるんだ！パスタのゆで汁の塩分も立派な調味料なのをお忘れなく。ガス調理したい人は、鍋でパスタを表示時間どおりゆでて作ってもOKだぞ。

5

器に盛り付け、粒こしょうをふる。

どうだ。見た目は
立派なカルボナーラ！
でも調理工程の簡単さに
驚愕しないか？
完成！

10分で完成する和風イタリアン！

トマトとツナのそばパスタ

実はこの「トマトとツナのそばパスタ」は、Ｗｅｂ連載の記念すべき1回目のレシピなんだ。俺的にはそれだけ思い入れのある一品で、自信作でもある。

この料理名を見たら「そばなの？パスタなの？」なんて疑問に思うよな。でもまぁそんな疑問はとりあえず頭の片隅に追いやって、まずは作ってみてくれ。

なんと調理時間は約10分！さらにチューブにんにくや輪切りの鷹の爪を使えば、包丁も使わずに完成するというシロモノ。和洋折衷の味わいを楽しんでくれ！

そば？ パスタ？ 細かいことは気にせず俺についてこい！

ささっと作れるので夜食メニューとしても重宝するぞ

材料（1人分）
そば（乾麺）…100g
市販トマトソース
…130g
ツナ…50g
オリーブ輪切り…4〜5枚
にんにく…1片
鷹の爪…1本
白ワイン…30cc
オリーブオイル…30cc
塩、こしょう…各少々
昆布茶…2g
そばのゆで汁…50cc
乾燥パセリ…適宜
パルメザンチーズ…適宜
強靭な肉体…随時

実はな、この昆布茶ってのが味付けのポイントなんだ。手軽に風味をアップしてくれる昆布茶は、YAMATOレシピでは欠かせない使える逸品だぞ！

1 常日頃からトレーニングし、強靭な肉体をキープしておく。

2 ツナ缶のオイルをよくきっておく。にんにくはみじん切り。鷹の爪は輪切りにしておく。

YAMATOレシピのキモ

時短したいときはチューブにんにく＆輪切り鷹の爪を使ってもOKだが、おいしく食べたいときはできれば切りたてを使うべし。

3 オリーブオイルを引いたフライパンでにんにく、鷹の爪を強火で炒め、香りが立ったらツナを加える。ツナの水分を飛ばしつつ、フライパンにこびりついたツナをこそぎ取る。

YAMATOレシピのキモ

ツナ缶の旨味をすべて使い切るぞ！

4 白ワインを加え、アルコールが飛んだらオリーブ、トマトソースを加える。塩、こしょう、昆布茶で味を調える。

5 別の鍋でそばをゆで、水にはさらさず、ざるにあげておく。ゆで汁は捨てずに取っておく。

6 そばのゆで汁50ccをフライパンに加え、味をみる。再び塩で味を調整し、そばを加えてフライパンを軽くあおる。

7 器に盛り、パルメザンチーズ、パセリで飾る。

普通にざるそばで食べるよりも、よりそばの風味を感じられるぞ

完成！

やわらか棒棒鶏

火加減命の本格レシピを大公開

今回のお題は「棒棒鶏」！ なんて読むかって？ もちろん知ってるよな。

「バンバンジー」だ。

もともと中国では焼いた鶏肉を棒で叩きやわらかくし、手で細かく裂いたという作り方から、「棒」の漢字が使われたと言われているんだが、今では包丁で切り分ける方法が一般的だよな。

今回ＹＡＭＡＴＯレシピでは棒で叩かなくても、やわらかくて極旨な棒棒鶏の作り方を紹介したいと思う。

そのためには火加減や温度が非常に大切になってくるぞ。

夏場の酒の肴
としても
たまらない
一品だ！

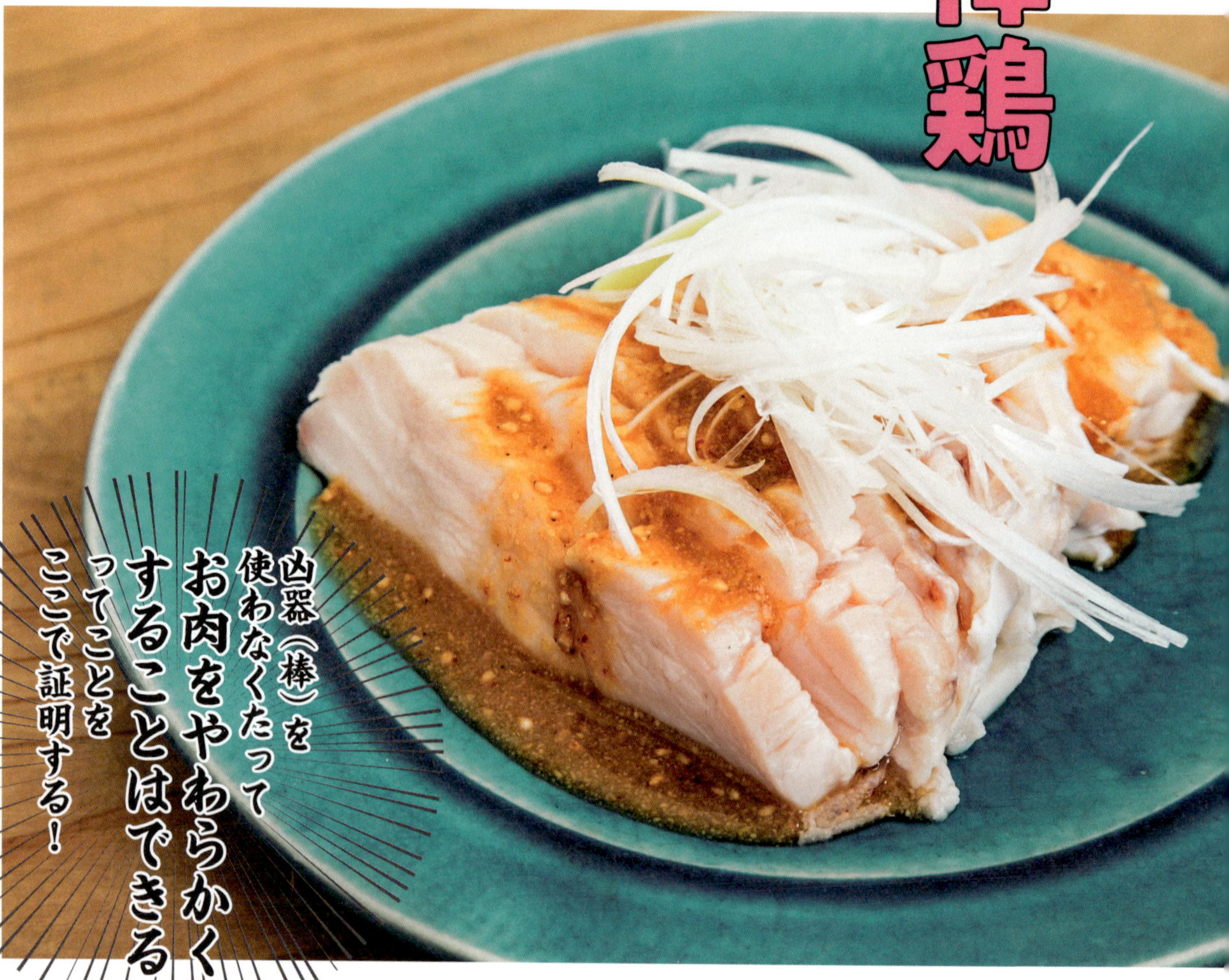
凶器（棒）を
使わなくたって
お肉をやわらかく
することはできる
ってことを
ここで証明する！

材料（4人分）

- （国産）鶏胸肉…2枚
- 白髪ねぎ…1/2本分
- 調味液
  - 芝麻醤（チーマージャン）…大さじ1
  - 砂糖…大さじ1
  - しょうゆ…大さじ1
  - 酢…小さじ1
  - 豆板醤…少々
  - すりごま…お好みで
- 強靭な肉体…随時

すりごまとごま油などをペースト状にした中華調味料である芝麻醤（チーマージャン）も、できれば用意してくれ！ これがあると一気に香りとコクと風味が増し、おいしさが段違いになるぞ。用意できなかった際は、練りごまやごまドレッシングでも代用OKだ。

険しい表情が似合う肉体であれ！

1

常日頃からトレーニングし、強靭な肉体をキープしておく。

2

鶏胸肉に、フォークなどで穴を開け、1枚につき小さじ2程度の塩（分量外）をまぶし、3時間ほど置く。

YAMATOレシピのキモ

肉の厚みがある部分には、多めに穴を開けておくといいぞ。塩をまぶしておくことで余分な水分を肉から出し、さらには殺菌効果も期待できるんだ。

3

鍋に55〜60℃のお湯を沸かし、（指を入れて1、2秒耐えられるくらいの温度）で30分ゆで、取り出して30分置き、粗熱を取る。

YAMATOレシピのキモ

シャキーン！ そう、この料理用温度計があると温度調整がうまくいくんだ。弱火で鍋をゆでつつ、温度計で測りながら温度が上がったら差し水をし、常に55〜60℃をキープしてみてくれ。この手間がおいしい肉を育てるのだ。必須の料理器具だぞ。

4

調味料をすべて混ぜ合わせる。白すりごまがあればお好みで加える。

5

粗熱が取れた鶏胸肉を厚さ5㎜程度にスライスし、お皿に盛る。4のたれをかけ、白髪ねぎを飾る。

完成！

どうだ、やわらかな鶏肉に感動しないか？

ダイエット女子注目！

鶏肉だんごのレタスあんかけ

夜食の誘惑は〝あんかけ〟でしのげ

このレシピはとある女性読者から「ボリュームがあるのにカロリー抑えめで、満腹感が得られるダイエット中でも安心のメニューを教えて」というリクエストを受けて考案したレシピだ。

この無理難題にいかに俺が応えたのか、とくと見てくれ。

野菜もたっぷりだけど、たんぱく質も豊富、さらにはあんかけだからほっこりした食後感まで味わえるパーフェクトな一品になったと自負しているぞ。

少量でも満足できるから、ダイエット中の女子も安心して食べてみてほしい。

わがままな女子たちに捧ぐ！

美しいBODYはうまい料理から作られる！
女子のハートに卍固めだ！

材料（4人分／鶏肉だんご約20個分）

鶏肉だんご
- 鶏ひき肉…450g
- 白ねぎ…1/2本
- 卵…1個
- 酒…大さじ1
- 砂糖…大さじ2
- しょうゆ…大さじ1
- 片栗粉…大さじ2
- 昆布茶…4g
- おろししょうが…1片分

昆布だし…1000cc（アクを取って750cc程度になるように）

あんかけ
- 酒…大さじ3
- しょうゆ…大さじ3＋仕上げ用小さじ1
- みりん…大さじ3
- 水溶き片栗粉…片栗粉大さじ3：水大さじ3

レタス…半玉

強靭な肉体…随時

YAMATOレシピのキモ

鶏ひき肉の代わりに豚ひき肉でもOKだが、その場合はおろししょうがの分量を倍にしてくれ。

YAMATOレシピの要となる工程だ！

1 常日頃からトレーニングし、強靭な肉体をキープしておく。

2 鶏肉だんごの材料をすべてボウルに入れ、丁寧に素手でこねるように混ぜ合わせる。

YAMATOレシピのキモ

工程1で用意した鍛え上げられた肉体をフルに活かし、力強くこねるべし！

3 大きめの鍋に昆布だしを強火で沸騰させ、2をピンポン玉大の大きさに成形して鍋に入れてゆで、火を完全に通してから取り出す。

YAMATOレシピのキモ

ピンポン玉大の大きさを手にとり、親指と人差し指で輪っかを作って絞り出し、スプーンで成形すると簡単にだんごができるぞ。

4 アクを取り除いた3のだしにあんかけの調味料をすべて加え一度煮立たせ、火を止めて最後に水溶き片栗粉を全体にかけてとめる。

5 レタスを1枚1枚はがし、約1cm幅に切る。

6 4に鶏肉だんごを戻し、レタスも加えて弱火で煮る。レタスがしんなりしたら仕上げ用しょうゆ（小さじ1）を加えて味を調える。

完成！

夜におなかがすいて眠れない、なんてときに夜食として食べるのもおすすめだ！

YAMATOのこだわり3

分量・温度・時間はキッチリカッチリ

目分量などご法度だ！

1秒たりとも誤差は許さん！

「漢《おとこ》の料理＝豪快でテキトー」のイメージを覆してやる！

VERSERK
ZAMST
ZAMST

「漢《おとこ》の料理」と聞くと、目分量は当たり前、豪快でテキトーが魅力というイメージがあるんじゃないだろうか。

しかしYAMATOレシピにおいては「豪快」はあっても**「テキトー」はご法度だ。**こう見えて俺はかなり細かい男なんだ（笑）。

調味料は細か～くキッチリ、温度は温度計でしっかり、またオーブンでの加熱時間もキッチリ測る、がモットー。

なぜかといえば、**「再現性」**を大事にしているから。

いくらうまく作れても、**「またあの味が食べたい」**ってときに目分量でやっていては二度とそのうまさにたどり着くことができないからだ。

どれも自信のあるレシピばかりだから、みなさんには何度でも食べてほしいと願っている。それゆえみなさんも作る際にはテキトーな目分量じゃなく、YAMATOレシピどおり作ってくれたら幸いだ。

第4章

アレンジ力バツグン

調味料・ソースレシピ

いろんな料理に使い回せる超使えるオリジナル調味料！

YAMATOのだしじょうゆ

試合やトレーニングの合間に夜な夜なレシピを試作しているわけだが、そんなときふと疑問に思ったことがある。

「お前らは、だしをとっているか?」と。

今はお手軽な即席の粉末だしも多く出回っていて、もちろんそれを使うこと自体、否定しない。ものすごく便利だし、俺も時折活用させてもらっている。

でもな、たまにはしっかりとだしをとって料理をすることは、味の面からだけでなく、料理をするうえでの心がけとしても大事なことだと思うんだ。

だしをとらないことの理由の多くに、「面倒くさいから」と答えるやつが多いと思う。

が、実際にやってみるとそんなことはない！ 驚くほど簡単だ。

今回はだしはだしでも、料理の味付けとしてそのまま使える超便利な調味料タイプの「だしじょうゆ」の作り方を伝授するぞ。冷蔵庫に常にストックしとけ！ 1週間は保存がきくぞ。

今回作っただしじょうゆを使ったレシピも紹介しているので、合わせてチェックしてくれ。

YAMATOのだしじょうゆ
使用レシピ一覧

- なすのあんかけ（P84）
- 秘伝のしょうが焼き（P86）
- きゅうりとぶりの揚げ浸し（P88）
- きのこの炊き込みご飯（P90）
- YAMATO流山形のだし（P92）

ほんのひと工夫が
いずれ
大きな差となるのは
料理もプロレスも
おんなじだ！

YAMATOのだしじょうゆがあれば料理の味が簡単に決まるようになるんだ！

火はこれでもかと
いうくらい弱火に
するのがコツだ

2
みりんとしょうゆを鍋に合わせ、昆布を加えて極弱火にかける。

さらに時間を短縮させたければ、2の工程のときに鰹節を入れてもOK

3
フツフツとしてきたところで、鰹節を加えて沈んだところですぐに火を止める。

4
粗熱が取れるまで待って、サラシできつく絞る。

YAMATOレシピのキモ

このだしじょうゆは、しょうゆ差しにでも入れて冷蔵庫に常備しておけば約1週間はもつし、本当に便利だぞ。しょうゆ代わりに冷奴や納豆に差したりするだけで、しょうゆとはひと味違う深みを楽しめるんだ。また薄めてめんつゆとして使ったり、煮物や炒め物の調味料として使ったりもできる。とにかくなんにでも合う万能しょうゆとして大活躍すること間違いナシ!

材料(200cc分)	
みりん…120cc	昆布…5g
しょうゆ…80cc	鰹節…5g
	強靭な肉体…随時

YAMATOレシピのキモ

みりんとしょうゆの割合は6:4で、みりんをやや多めにするのがYAMATO流だ。5:5だとしょうゆがとがった味になるので、みりんを増やし、優しさを加えてやったぜ! どうだ、強靭な肉体以外はすぐにでも、揃えられるものばかりだろ?

これが必要!

だしをとる際に、俺的必須アイテムがある。それが「サラシ」だ。これがあると、とっただしをギュッと絞りとることができるから、料理には欠かせない一品。最近ではキッチンペーパーや、ざるでこす人もいるが、最後の最後までエキスをむさぼり尽くすなら、断然サラシがおすすめだぞ。ちなみにサラシはドラッグストアなどで売っていて、10mで1,500円程度で買えるはずだ。洗って繰り返し使ってもOKだから、コスパも優秀だぞ。まずはゲット!

今回は「絞る」作業があるゆえ、特に重要だぞ!

1
常日頃からトレーニングし、強靭な肉体をキープしておく。

なすのポテンシャルを最大限高めよう！

なすのあんかけ

食欲の秋を満喫する
最高の一品、
ここにあり！

今回は82ページで作ったYAMATOのだしじょうゆを使ったレシピをご紹介するぞ。特になすの旬である秋に作ってほしい一品「なすのあんかけ」だ。

見てくれたらすぐにわかると思うが、材料は必要最小限のシンプルさをめざしたぞ！

調味料もYAMATOのだしじょうゆを使えば、いともたやすく深い味わいを作ることができるってわけ。

ひき肉の処理やなすの切り方など、小さなこだわりも面倒くさがらずにやれば、究極のうまさにたどり着くことができるぞ！

YAMATOのだしじょうゆレシピ

だしじょうゆがなすにしっみしみだろ？見ろ！なすの歓喜に満ちた表情を！

材料（2〜3人分）
- なす…3本
- YAMATOのだしじょうゆ（作り方はP82）…大さじ5
- 水…大さじ5
- 鶏ひき肉…80g
- 片栗粉…大さじ1
- サラダ油…大さじ2〜3
- おろししょうが…適宜（お好みで）
- 強靭な肉体…随時

YAMATOレシピのキモ

フライパンのフッ素樹脂加工の具合などで、油の量は各自調整してみてくれ。特にダイエットを意識していないのであれば、なすが油を吸って旨味が増すので、“たっぷり”を推奨するぞ！

裸エプロンが似合うBODYをめざせ！

1

常日頃からトレーニングし、強靭な肉体をキープしておく。

2

鶏ひき肉はお湯に通し、くさみと余計な脂を取り除き、お湯をきっておく。

YAMATOレシピのキモ

わずか1分程度のこの手間を惜しむか否かで、仕上がりのおいしさにグンと差が出るぞ！

チラッ

3

なすは天地を落とし、縦に3か所をピーラーで皮をむいた後、乱切りにする。

4

鍋にだしじょうゆと水を合わせて中火にかける。

なすにたっぷり油を吸わせるぞ！

5

フライパンにサラダ油を引き、中火でなすをある程度炒めたら、30cc程の水を加えてふたをする。その後、弱火にしてなすに完全に火を通す。

水少なめで固めにとめるのがおいしさの秘訣だ

6

4の鍋に2の鶏ひき肉を加え、水溶き片栗粉で固めにとめる。その鍋に5のなすを加えて軽くあえる。

7

器に盛り付け、お好みでおろししょうがを飾る。

あらかじめだしを
しっかりとった
だしじょうゆを使うので、
余計な調味料を
使わずに済み、味付けが
ラクちんに決まるぞ！
完成！

秘伝のしょうが焼き

YAMATOのだしじょうゆを使って激ウマな一皿に！

いきなりだが、お前らは「しょうが焼き」って好きか？

…もちろん好き、だよな？

嫌いなんて言うやつは聞いたことがないぞ、俺は。

特にな、男っていう生き物はしょうが焼きが大好物なもんなんだ。

そこでだ、誰しもを「うまい」とうならせる、全知全能のしょうが焼きレシピを持ってきたぞ。

そのために欠かせないのが、82ページで紹介したYAMATO直伝のだしじょうゆだ。

この調味料を使うことで、俺史上最強のうまさにたどり着くことができたんだ。

さっそく作ってみてほしい。

これを嫌いという
男はいないだろう。
いや、いるとしたらそんな男、
こっちから願い下げだ！

YAMATOの
だしじょうゆレシピ

このうまさ
悶絶級！
胃袋をつかんだら
離さないこの一皿で
王座《カノジョ》を狙え！

材料（2人分）
豚ロース肉…300g
玉ねぎ…1／2個
ピーマン…4個
YAMATOのだしじょうゆ（作り方はP82）…大さじ6
おろしにんにく…2片分
おろししょうが…2片分
サラダ油…大さじ3
小麦粉…適宜
千切りキャベツ…適宜
マヨネーズ…お好みで
強靭な肉体…随時

このサラシを引きちぎれるくらいのパワーが必要！
ビリッ

1

常日頃からトレーニングし、強靭な肉体をキープしておく。

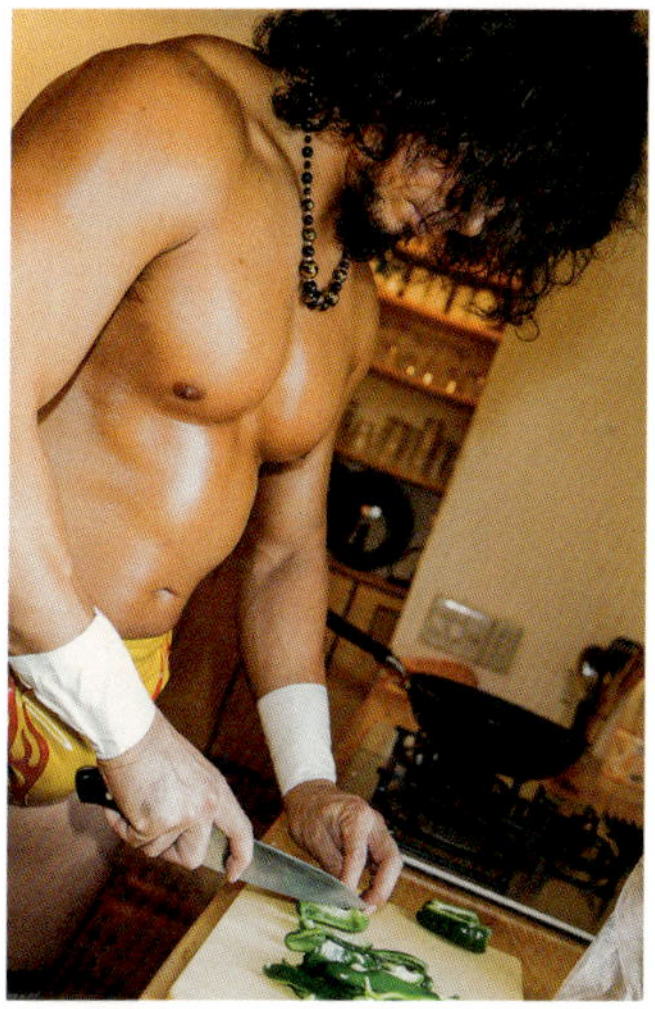

2

玉ねぎはくし形切り。ピーマンは半分に切り、へたと種を取り除き、くし形切りにする。

3

だしじょうゆに、おろしたしょうがとにんにくを加え、混ぜておく。

4

バットなど平らな器に小麦粉を用意し、豚ロース1枚1枚の表面に小麦粉をまぶして、余分な小麦粉は両手でたたいて落とす。

YAMATOレシピのキモ

肉に小麦粉を薄くつけておくと、安い肉でもやわらかジューシーな食感になるんだ！

いつだって俺様は危険と隣り合わせ！

5

フライパンにサラダ油（大さじ2）を引き、弱火で豚ロースを1枚1枚焼いて取り出しておく。

見るんじゃない！

6

5のフライパンにサラダ油（大さじ1）を追加し、玉ねぎ、ピーマンを炒める。ある程度玉ねぎとピーマンに火が通ったら5の肉をフライパンに戻し、3を加えて煽るようにフライパンを振って炒める。

7

千切りキャベツを皿に盛り、しょうが焼きを盛り付ける。お好みでマヨネーズを添える。

女性なら、初めて彼氏に作る料理レシピとしても最適だぞ！
完成！

料理上手をアピールするのにうってつけ！

きゅうりとぶりの揚げ浸し

YAMATOのだしじょうゆレシピ

今回は目先を変えて「揚げ浸し」という調理方法を使ったレシピを紹介したいと思う。

「揚げ浸し」、これは文字どおり、一度揚げた具材を熱いうちに調味液や酢やだし汁に浸した料理だが、料理初心者の人にはなかなか敷居が高い調理方法なんじゃないだろうか。だが、それゆえに「料理上手」をアピールするのにうってつけの料理ともいえる。

そこで今回はきゅうりとぶりを使った揚げ浸しを紹介しよう。

これを肴に晩酌させてくれる女性がいたら、たいていの男はグラッとくるに違いない。

難易度が高そうに見えるかもしれないが、実際に作ってみれば意外にもカンタンなんだ。ぜひとも試してみてくれ。

男心鷲づかみの感動の味を堪能してくれ！

覚えておけ！
きゅうりとぶりと…
男心は
揚げて浸せば、
こっちのもんだ！

材料（4人分）
ぶり…200g
きゅうり…3本
調味液
YAMATOの
だしじょうゆ
（作り方はP82）
…大さじ5
酢…大さじ1
砂糖…小さじ1と1/2
水…大さじ3
オイスターソース
…小さじ1
ガラスープの素
…小さじ1/2
ごま油…少々
白いりごま…小さじ1
片栗粉…適量
揚げ油…適量
強靭な肉体…随時

工程1の出来不出来で工程2の作業効率が格段に変わるぞ

1

常日頃からトレーニングし、強靭な肉体をキープしておく。

2

きゅうりは手のひらに体重をのせてつぶし、その後横に3等分して裂いておく。

YAMATOレシピのキモ

いつもきゅうりをつぶすときは棒でぶっ叩いてつぶしてるんだが、今回のレシピを試作したのが実家で、隣の部屋にかーちゃんがいたから、叩けなかったんだ。でもこの押しつぶす方法はかなりいい感じでつぶれたからおすすめだぞ。でもつぶしすぎには注意な！

3

小麦粉はうすーく うすーく

ぶりはひと口大に切り、表面に片栗粉をまぶして、160℃の油で色が付かないように軽めに揚げる。

料理は戦いだ！

揚げ物といえばそう、漢脱ぎ！

揚げすぎないように
このぐらいの色でOKだぞ！
YAMATOボディ色との
比較を参考にしてみてくれ！

4

調味液の材料すべてを混ぜ、きゅうりと揚げたぶりを加え、からめたらラップをして冷蔵庫でしっかりと冷やす。きゅうりから出た水分で味が薄まったようなら分量外のだしじょうゆを足して調整する。器に盛り、白いりごまをふる。

YAMATOレシピのキモ

味を染みわたらせるポイントはなんといっても「冷やし」の工程だ！ 小1時間は最低でも冷やそう。

完成！

食感も味わいも極上だ！

食欲をフルパワーで刺激!

きのこの炊き込みご飯

突然だが、みなさんは「炊き込みご飯」は好きだろうか。

俺はというと…大好きだ。いや、愛している。愛してやまない。

白飯も、もちろんうまいのだが、たまに炊き込みご飯が食卓に出てくると、毎回本当にワクワクするんだよな。

炊き込みご飯は一年中食べるもんだが、俺はなぜか肌寒くなってくると真っ先に食べたくなるメニューのひとつ。

そこで今回は、きのこをたっぷり使った何度でも食べたくなる「きのこの炊き込みご飯」を紹介しようと思う。

例のごとく、和風の味付けにはもってこいのYAMATOのだしじょうゆを使うぞ。これにより、味が簡単かつ完璧に仕上がるぞ。

今回はオーソドックスな具材を紹介したが、もちろん慣れてくれば、たけのこやしいたけや鶏肉、また油揚げや豆類など、お好みの具材にアレンジするのもOKだ!

YAMATOのだしじょうゆレシピ

アツアツをかっ込むも良し、冷めたらおにぎりにして頬張るも良し!

材料（4〜5人分）
- お米…3合
- YAMATOのだしじょうゆ（作り方はP82）…200cc
- 水…400cc
- 鶏もも肉…200g
- しめじ・まいたけ、しいたけなどお好みのきのこ類…計150g
- ごぼう…1／2本
- 油揚げ…1枚
- サラダ油…大さじ1
- YAMATOのだしじょうゆ（炒め用）…大さじ1
- 強靱な肉体…随時

ドラクエの初期装備コスプレじゃないぞ！

1 常日頃からトレーニングし、強靱な肉体をキープしておく。

2 米を研いで、ざるなどにあけておく。

3 鶏もも肉は幅5㎜程のひょうしぎ切りにする。きのこ類は房を分ける。ごぼうはささがきにして酢水につけておく。油揚げは熱湯にサッとくぐらせ、その後細切りにする。

YAMATOレシピのキモ

ごぼうは、やや厚みがあったほうが風味が残るのでおいしいぞ。繊維を斜めに絶つようにするのがポイントだ。

4 油を引いたフライパンで鶏もも肉、きのこ類、ごぼう、油揚げを中火で炒め、だしじょうゆ大さじ1をさっと加え、軽くかき混ぜたらフライパンから取り出す。

さぁ、こいつの出番だ！

5 炊飯器にお米、だしじょうゆ、水を入れ、その上に炒めた具を加え、炊く。

完成！
うーん、うまそうなニオイ！

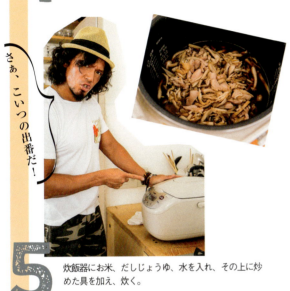

食欲をフルパワーで刺激！

YAMATO流 山形のだし

今回は数年前、食卓に一大ムーブメントを引き起こした「山形のだし」をモチーフに、YAMATO流のアレンジを加えた一品を紹介したいと思う。

山形のだし、あれはご飯のお供に最高だよな。

あれを作ってみたいなあと思ったんだが、だいぶ前に食べたもんで正直その記憶も薄れている。だが、そのときのイメージをもとに「俺が食べたい」と思う味をYAMATOのだしじょうゆを使って仕上げてみた。

もちろん「簡単に」というのも重要なポイントだ。

なので本家「山形のだし」とはだいぶ作り方も味も違うとは思うが、YAMATO流アレンジを加えたオリジナルのレシピとしてぜひとも試してみてほしい。

YAMATOのだしじょうゆレシピ

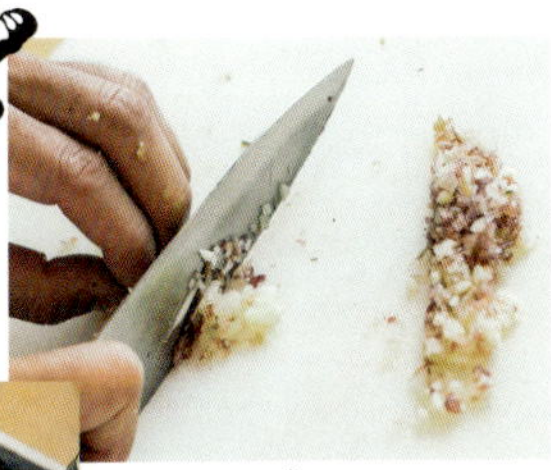

材料（4人分）
なす…1本
きゅうり…1本
みょうが…1本
大葉…5枚
刻み昆布…30ｇ
白ごま…適量
ＹＡＭＡＴＯのだしじょうゆ（作り方はP82）…大さじ2
ラー油…4滴
強靭な肉体…随時

あっさりしたレシピのときにこそこってりしたBODYを！

1

常日頃からトレーニングし、強靭な肉体をキープしておく。

2

昆布を水で戻して食べやすい大きさに切る。なす、きゅうり、みょうが、大葉をみじん切りにして、昆布、だしじょうゆとラー油と合わせる。

3

１日程度、冷蔵庫に置いて味がなじんだら、ご飯などにかけて食べる。

YAMATO流ご飯のお供、最強だろ？いろんな料理にかけてかけてかけまくれ！

YAMATOレシピのキモ

撮影では時間がなく、１日寝かさず、作って1時間ほどで食べたんだが、それでもなかなかうまかったぞ。でもできれば寝かせたほうがさらにうまいので、じっくり寝かせてから食べてみてほしい。ここに納豆を入れたりとろろを入れて粘り気を出すのもいいだろうな。うどんやそばにかけてもうまいし、なんならこのまま食べて酒のつまみにするのも間違いないはず！

イタリアンを作るならまずはここから！

YAMATOのトマトソース

普段、何料理を作ることが多いだろうか。

「イタリアン!」、そう答える人も多いことだろうと思う。

でもな、そんな人にひとつ聞きたいことがある。

「トマトソースを自分で作っているか？」と。

まぁパスタなら、経験やテクニックがなくてもそれなりにおいしいものを思いつきレシピで作れるし、市販のソースでも充分おいしいものがたくさんある。それは俺も認めるところだ。

だがやはり、味はもちろんのこと、コスト的にも味のバリエーションを増やす意味でも、イタリアンを作るからには基本ともいえる「トマトソース」くらいは自分で作れるべきだと思っている。

なわけで今回は、イタリアンを作るときに大切なベースともなる「YAMATOのトマトソース」レシピをご紹介したいと思う。驚くほど簡単だから、ぜひともマスターしてくれ。

イタリアンに
なくてはならない
ソースだぞ！

YAMATOのトマトソース
使用レシピ一覧

- トマトソースのパスタ（P96）
- カポナータ（P98）
- 鶏皮のトリッパ（P100）
- シーフードミックスのアラビアータ（P102）
- 漢のミネストローネ（P104）

何事も基本を大切にするのがYAMATO流だ。
タトゥーレベルで心に刻んでくれ！

材料（作りやすい分量）	
ホールトマト缶…400g×3缶（1.2kg）	オリーブオイル…大さじ4
玉ねぎ…中2個	昆布茶…2g
にんにく…大2個	旨味調味料…小さじ1/2
ローリエ…6枚	水…少々
	塩…少々
	強靱な肉体…随時

チャンピオンベルトが似合うBODYに仕上げておけ！

1

常日頃からトレーニングし、強靱な肉体をキープしておく。

YAMATOレシピのキモ

焦らず弱火でじっくりと！　ここで甘みを引き出すことが、うまさの決め手になるぞ。玉ねぎが飴色になるのが目安だ。

YAMATOレシピのキモ

ここに少々の水を加えて水分を飛ばすように炒めると、甘みが増すってテレビで誰かが言ってたからさっそく取り入れるぞ（笑）。

2

オリーブオイルを引いた大きめの鍋で、皮をむいてつぶしたにんにく、大きめに切った玉ねぎを弱火でじっくり炒めて甘みを出す。

3

へらなどでつぶしたホールトマトを加え、ざっくり混ぜたらローリエを加えて弱火で5〜6分煮込む。

YAMATOレシピのキモ

ホール缶に残ったトマトのかすは、少々の水を中に入れて回すことできれいに取れるのでそれも鍋に投入し、使いきろう。

4

煮込んだ2の粗熱を取った後、ミキサーにかける。シノワなどで裏ごしし、再び鍋に戻して弱火にかけながら昆布茶、旨味調味料、塩を加え味を調える。

完成！

パスタソースとしてはもちろん、ピザソースやリゾット、煮込み料理など、バリエーション豊かにイタリアンを作ることができるようになるぞ！

トマトソースのパスタ

YAMATOのトマトソースを使ったベーシックな一品！

一人暮らしの人御用達のレシピといえば「パスタ」が定番だと思う。ところでみなさんは普段どのようなパスタ料理を作っているだろうか？

ケチャップひとつで作れるナポリタンやしょうゆ味の和風パスタなど、簡単かつB級感のあるメニューも俺は意外に好きだ。しかしながらこのような自宅でひとり楽しむメニューだけでなく、人にも食べさせたくなるようなおもてなしにも使える本格的なレシピをもっておいても損はないと思うぞ。

そこで今回は、ご自慢のYAMATOのトマトソースを使ったベーシックなパスタのレシピを紹介しようと思う。

トマトソースさえ事前に仕込んでおけば、ものの数分で完成するお手軽パスタだぞ。

具材には、トマトソースと最高にマリアージュできる、なすとベーコンを指名してみた。これは間違いない味だぞ！

意外な隠し調味料にも注目してくれ！

YAMATOのトマトソースレシピ

俺は思う！パスタこそ本格的なレシピをひとつ持っておくべきだ！

材料（1人分）

- YAMATOのトマトソース（作り方はP94）…200g
- ベーコン…30g
- なす…1/2本
- パスタ…100g
- オリーブオイル…大さじ2
- にんにく…1片
- （お好みで）鷹の爪…1本
- 日本酒…大さじ1
- 昆布茶…少々
- 塩、こしょう…各少々
- 粉チーズ…少々
- 乾燥バジル…少々
- 強靱な肉体…随時

YAMATOレシピのキモ

パスタといえば白ワインを使うものだが、YAMATOレシピでは日本酒を使うぞ。ここで使う日本酒は、料理酒もしくは甘口の日本酒にしてくれ。辛口の日本酒は旨味成分が足りず、料理には不向きだ。

陶酔中だ。しばし待て！

1 常日頃からトレーニングし、強靱な肉体をキープしておく。

2 にんにく、鷹の爪をみじん切りにする。ベーコンは食べやすい大きさ、なすはいちょう切りにする。

鷹の爪はお好みだが、
断然あったほうが
うまいぞ！
辛いのが苦手な人以外は
ぜひとも
入れてみてほしい！

日本酒の香りが最高だ！

煮込む際には弱火にしよう！

3 オリーブオイルを引いたフライパンでにんにく、鷹の爪を中火で炒める。にんにくの香りが立ったらベーコン、なすを加え、なすに火が通ったら日本酒を回しかけ、トマトソースを加え2、3分弱火で煮込む。塩、こしょう、昆布茶で味を調える。

4 1％の塩（分量外）を加えたたっぷりの湯でパスタをゆでる。パスタを湯からあげ、3のフライパンに投入する。

パスタの湯はきちんときらずに、
あえて水分をまとった状態で
フライパンに投入するぞ！
そのためにソースは
濃いめの味付けにしてあるのだ！

5 中火でソースとパスタがあたたまるまでさっと熱し、皿に盛る。お好みでチーズ、乾燥バジルをふる。

完成！

トマトソースを使ったヘルシーな常備菜レシピを喰らえ！

カポナータ

YAMATOのトマトソースレシピ

どうやら巷では、数年前から「常備菜」なるブームが起こっているらしいな。時間のあるときにあらかじめ大量に仕込んでおいて、保存しつつ活用していけるというのは忙しい人にとってはありがたい存在だろう。関連書籍も、ものすごく売れているんだとか。

そんなブームはどうでもいい、なんて言わずちゃっかり乗るのがYAMATOの流儀。おいしければミーハーだろうと後追いだろうと文句は言わせないってわけだ。

そこで今回作るのは、常備菜にもなる、YAMATOのトマトソースをふんだんに使ったイタリア料理「カポナータ」だ。

「カポナータ」といってピンとこない人は、フランスの「ラタトゥイユ」だと思ってくれ。

できたてをアツアツで食べるのもおいしいが、冷やして冷蔵庫で保存すれば、3、4日程度日もちするうえ、いつでも食べられて便利なこと、このうえなし。

野菜をたっぷり
食べることのできる
レシピだぞ！

ゴロゴロ野菜にトマトソースが浸み込んで、たまんねぇんだ！

常備菜を作るなら、強靭なBODYも常備せよ！

材料（4人分）
なす…2本
ズッキーニ…1本
ピーマン…2個
玉ねぎ…1/2個
YAMATOのトマトソース
（作り方はP94）…400cc
オリーブオイル… 大さじ3
にんにく…1片
塩、こしょう…各少々
昆布茶…少々
強靭な肉体…随時

1 常日頃からトレーニングし、強靭な肉体をキープしておく。

2 なす、ズッキーニ、ピーマンは乱切り。玉ねぎはくし形切り。にんにくは皮をむいてみじん切りにする。

3 オリーブオイルを引いたフライパンに、にんにくを加え、香りが立ったら野菜を加え、強火で炒める。

4 トマトソースを加え、お好みの固さまで弱火で火を通す。塩、こしょうと昆布茶で味を調える。

YAMATOレシピのキモ
火加減もポイントだ！

グズグズな食感が好きな人は、2の工程の後、野菜をすべてさっと素揚げするといいぞ！

完成！

中毒性のあるうまさが実現！

鶏皮のトリッパ

「トリッパ」なる料理を知っているだろうか？

イタリアのみならず、ヨーロッパ各地で作られている牛の胃袋「ハチノス」をトマトソースで煮込んだ定番の料理だ。

ハチノスは手に入りにくいので、家庭でも気軽に作れるよう、今回は食感の似ている鶏皮で作ってみようと思う。

もちろんトマトソースは、ご自慢のYAMATOのトマトソースを使用するぞ。

鶏皮の食感にトマトソースと香味野菜の深み、さらにはハーブの香りが溶け合って、中毒性のあるとんでもないうまさに仕上がった。

毎度この撮影のたびにスタッフと試食するのだが、今回は特にスタッフ間で取り合いになるほどで、作った俺も若干引いたレベルの好評っぷりだったぞ。

ワインとの相性も抜群だ！

俺の筋肉のように
ジューシーな
美しさ…
中毒性が高いから
気をつけろよ？

YAMATOのトマトソースレシピ

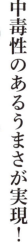

材料（4人分）

- 鶏皮…700〜800g
- にんじん…1/2 本
- 玉ねぎ…中1 個
- セロリ…1/2 本
- YAMATOのトマトソース（作り方はP94）… 400cc
- 白ワイン…100cc
- にんにく… 2 片
- オリーブオイル…大さじ2
- 塩、こしょう…各適量
- 昆布茶…少々
- パセリ、バジル、タイムなど…適量
- 強靭な肉体…随時

この工程をおざなりにしてはならん!

1 常日頃からトレーニングし、強靭な肉体をキープしておく。

2 鶏皮はひと口大に切り、塩、こしょうを少々ふり、両面を焼いておく。

YAMATOレシピのキモ

油がかなり出るので、しっかり油をきることが肝心だぞ。

3 ミルポワ作り。にんじん、玉ねぎ、セロリはそれぞれみじん切り。オリーブオイルを引いたフライパンでみじん切りにしたにんにくを強火で炒め、香りが立ったら香味野菜（にんじん、玉ねぎ、セロリ）を加え中火をやや弱めた火加減でじっくり炒める。

YAMATOレシピのキモ

ミルポワとは、フランス料理の用語で、肉のくさみを消したりソースに深みを与えることのできる香味野菜炒めのことだ。この工程はうまさの最重要ポイントとなるので、じっくり炒めてくれ。

やはりコイツの存在なくしてYAMATOレシピは語れないな

4 香味野菜に火が通り、しっとりしたら鶏皮を入れ、炒め合わせる。その後白ワインを入れ、アルコールが飛んだらトマトソースを加え、ひと煮立ちさせる。塩、こしょう少々と昆布茶で味を整える。

5 皿に盛り、ハーブ類をふる。

完成!

どうだ、鶏皮とは思えない、なんだかおしゃれな一品だろ?

ひき肉の代わりに冷凍のアレを使用！

シーフードミックスのアラビアータ

YAMATOのトマトソースレシピ

ひとり暮らしメシといえば一皿で完結するパスタが定番だが、お前らはどれくらいレシピを持っているだろうか？

カルボナーラ、明太スパ、ボンゴレビアンコ、ペスカトーレなどパスタメニューには数多くの種類があるが、今回はトマトソースベースの激辛パスタメニュー「アラビアータ」を紹介しようと思う。

トマトソースベースと聞いて、勘のいい「筋肉キッチン」マニアならもうお気づきかもしれないが、そうだ、もちろんYAMATOのトマトソースを使うぞ。

また通常アラビアータといえばひき肉を使うんだが、今回はひき肉の代わりに冷凍庫にあるシーフードミックスを使って作ってみることにした！

このレシピは俺史上
最も熟考を重ねた末に
生まれたんだ！

うおぉぉぉ〜
魚介の旨味と
辛さの
ビッグマッチ！
キレッキレで
シビレるだろ？

材料（1人分）
パスタ…100g
シーフードミックス…100g
鷹の爪…4本（内1本は飾り用）
にんにく…1片
YAMATOのトマトソース
（作り方はP94）…200cc
白ワイン…大さじ2
オリーブオイル…大さじ2
水…100cc
昆布茶…1g
塩…ひとつまみ
パセリ…少々
強靭な肉体…随時

YAMATOレシピのキモ

ひき肉の代わりに使う材料は、そう、冷凍シーフードミックスだ。これを叩いてひき肉状にして使うぞ。

繊細な料理には大胆なBODYで望もう！

1

常日頃からトレーニングし、強靭な肉体をキープしておく。

2

シーフードミックスは、包丁で叩いて粗めのみじん切り。にんにくはみじん切り。鷹の爪3本は種を取る。

3

フライパンにオリーブオイルを引き、鷹の爪が黒ずむまで強火で熱する。その後、鷹の爪を取り除き、にんにく、シーフードミックスを加え、シーフードミックスの水分が飛ぶまで炒める。

YAMATOレシピのキモ

シーフードミックスがカリカリになるまで炒めるぞ！

4

白ワインを加えアルコールが飛んだら、水を加えて煮込む。水分が8割飛んだら、トマトソースを加え、昆布茶と塩ひとつまみで味を調える。

YAMATOレシピのキモ

やはりここでもおなじみ昆布茶の登場だ。これを入れるか入れないかで味の印象がずいぶん変わるぞ。

5

塩分1％の熱湯でパスタをゆで、お湯をきりすぎずに4とからめ、お皿に盛って鷹の爪とパセリを飾る。

当然のことながらパスタをゆでてる間にもスクワットで工程1を強化だ！
スクワットではつま先より前にひざを出すな！ お尻を引け！

完成！
むふぁー！ にしても辛い！ でもうまい！

ミネストローネ嫌いもお代わり連発!

漢《おとこ》のミネストローネ

洋食屋にランチを食べに行ったとき、たまにスープを選べるときがあるだろう?

「コーンポタージュ、ミネストローネとありますが、どちらになさいますか?」

こんなとき果たしてみなさんならどっちを選ぶだろうか。

俺はというと、ダントツでコーンポタージュ派だったんだ。

それはなんでかって? ふと振り返ってみると、おそらく外で本当においしいミネストローネを食べたことがないから、ということに行き着いた。

そこでだ。迷わずランチスープの選択時に「ミネストローネ」と叫びたくなるぐらいうまい1杯を作ろうと試行錯誤してたどり着いたレシピを紹介しようと思う。

それに欠かせないのは、おなじみのYAMATOのトマトソースだ! これを使うことで、酸味がマイルド、かつコクの豊かな1杯が作れるようになるぞ。

YAMATOのトマトソースを使えば酸味のない俺好みの味に仕上がるんだ!

俺好み俺味! 酸っぱさゼロでマイルドな味わいにとことん癒されてくれ!

YAMATOのトマトソースレシピ

材料（4〜5人分）
厚切りベーコン…150g
にんじん…1本
なす…1本
玉ねぎ…1/2個
キャベツ…1/8個
にんにく…1片
水…1ℓ
YAMATOのトマトソース
（作り方はP94）…300cc
オリーブオイル…大さじ3
昆布茶…4g
塩…小さじ1と1/2
こしょう…少々
バター…適量
ピザ用の溶けるチーズ…適量
パセリ…少々
強靭な肉体…随時

YAMATOレシピのキモ

冷蔵庫に残った野菜を一掃させるため、ここで紹介した野菜以外でもOKだぞ。ただし俺は煮崩れたじゃがいもが好きじゃないから、じゃがいもは入れない派だ。

大胸筋をギュッと、ギュッと！

1 常日頃からトレーニングし、強靭な肉体をキープしておく。

うーん、美しい！

2 ベーコンは2㎝くらいのひょうしぎ切り、キャベツ以外の野菜類は大きめの粗みじん切り、キャベツはざっくり切り、にんにくはみじん切りにする。

3 オリーブオイルを引いたフライパンで、にんにく、ベーコンを強火で炒める。ある程度炒めたら、野菜類を加え、焦げ付かないように炒め合わせる。

4 野菜類がしんなりしてきたら大きめの鍋に移し、水を加えて火にかける。アクを取りつつ、煮立ってきたらトマトソースを加えて、更にアクを取る。

やはりコイツの出番だぜ！

5 再び煮立ったら、弱火の強にし、昆布茶、塩、こしょうで味を調える。

6 最後にバター少々を加えて照りとコクを出し、器に盛り、チーズとパセリを散らす。

ミネストローネの酸味が苦手だった人にこそ食べてほしい一皿だぜ！
完成！

YAMATOのトマトドレッシング&トマトの海鮮サラダ

万能調味料にもなるドレッシングを作ろう!

女性読者の多くは、普段からダイエットだのなんだのしてるらしいな。サラダなんかもよく口にしているようだが、果たして「本当においしいサラダ」を家で食べているか、はなはだ疑問だ。

そこでだ。「サラダなんてただ野菜を盛り付けるだけでカンタンでしょ?」ってなめた考えをぶち壊すとっておきの一品を紹介する。

その前にまずは俺様直伝の「トマトドレッシング」から作ろう。

それはなぜかって? これはYAMATOレシピにおいて、重要なドレッシングだから!

そう、このトマトドレッシングはサラダだけじゃなく、さまざまな料理のソースや隠し味としても使える万能調味料になるんだ。まとめて作り、冷蔵庫にストックしてみてくれ。

さらにはそれを使ったサラダレシピも合わせてお届けしよう。

YAMATOのトマトドレッシングレシピ

上等だ! 胸張って叫べ! 「得意料理はサラダ」だと!!

YAMATOのトマトドレッシング
使用レシピ一覧

- トマトの海鮮サラダ(P107)
- トマドレの冷製パスタ(P108)
- 最強のポテトサラダ(P110)
- 全知全能のポテトコロッケ(P112)

YAMATOのトマトドレッシング

すべての材料をミキサーにかける。ミキサーがない人は、玉ねぎをみじん切りにし、残りの材料を泡立て器でよく混ぜ合わせる。

材料（約500cc分）
- サラダ油…400cc
- 酢…200cc
- 玉ねぎ…1／4個
- 塩…ひとつまみ
- こしょう…ひとつまみ
- 砂糖…25g
- 昆布茶…2g
- ケチャップ…大さじ4
- 強靭な肉体…随時

YAMATOレシピのキモ

トマトドレッシングといっても、トマトそのものを使うんじゃなく、トマトケチャップを使うからお手軽だろ？ トマトが苦手って人でもおいしく食べられるドレッシングだ。冷蔵庫で保存すれば1週間ほどもつから、ぜひともストックしてみてくれ！

トマトの海鮮サラダ

材料（1人分）
- YAMATOの トマトドレッシング（作り方は上記）…50cc
- サニーレタス…3枚
- トマト…1／4個
- アボカド…1／4個
- アスパラ…1／2本
- シーフードミックス…50g
- 昆布茶…2g
- オリーブオイル…適宜
- 白ワイン…少々
- 粉チーズ…少々
- 粗びきこしょう…少々
- 乾燥パセリ…少々
- 強靭な肉体…随時

この工程はYAMATOレシピの核！
ムキッ ムキッ

1

常日頃からトレーニングし、強靭な肉体をキープしておく。

2

サニーレタスは冷水に浸した後、手でちぎる。トマトはへたを取りお尻に切り込みを入れて湯むき、アボカドは皮をむき、それぞれ大きめの角切りに。アスパラガスは根元の皮をピーラーでむき取った後、お湯でゆでて斜め切りにする。

YAMATOレシピのキモ

ここでの野菜の処理がサラダをおいしくする決め手になるぞ。面倒くさがらず、このひと手間を省くことなかれ！

3

水を切ったサニーレタスを昆布茶1gであえ、皿に盛る。トマト、アボカド、アスパラもボウルで、それぞれトマトドレッシングであえて、サニーレタスの上に盛り付ける。

4

シーフードミックスをオリーブオイルを引いたフライパンで炒め、昆布茶1gをふりかける。焦げ付くようなら少量の白ワインをふりかける。冷めたらサラダの上に盛り付ける。

YAMATOレシピのキモ

ここでも昆布茶で風味づけ。味に統一感と深みが増し、おいしさが格段にアップするんだ。

5

ボウルに残ったドレッシングをサラダに回しかけ、粉チーズやパセリなどで飾る。

完成！

今までサラダをテキトーに作ってたという人こそ、一度丁寧に作ってみてほしい！

食欲をフルパワーで刺激！

トマドレの冷製パスタ

今回は、暑い季節にぜひとも作ってみてほしい「冷製パスタ」をご紹介しようと思う。

味付けは、なんとＹＡＭＡＴＯのトマトドレッシングとめんつゆを掛け合わせた、ＹＡＭＡＴＯレシピでしかできない和洋折衷の組み合わせだ。

トマト、なす、ズッキーニと夏野菜を使った一品だが、もちろん別の季節に作るのであれば、冷蔵庫にある別の野菜でアレンジしてもＯＫだぞ。

どうだ！ プロレスラーが考える料理とは思えないだろ？

まるで意識高い系ＯＬが作ったみたいなヘルシーで女子力高い一品をめざした。

カロリー控えめで腹もちもいいから、どうしてもおなかがすいてしまった際の夜食になんかにもおすすめだ。

YAMATOの
トマドレの
万能性を
感じてほしい！

暑い日のパスタは、
トマドレ・
めんつゆ・
夏野菜…
そして最後に、
俺の筋肉を添えて。

YAMATOの
トマトドレッシングレシピ

材料（1人分）
パスタ（1.3㎜幅のフェデリーニタイプがおすすめ）…80g
YAMATOのトマトドレッシング（作り方はP106）…大さじ2
めんつゆ（3倍稀釈タイプ）…小さじ2
トマト…1／4個
なす…1／4個
ズッキーニ…1／4本
昆布茶…少々
乾燥バジル…適宜
オリーブオイル…適宜
スイートバジル…お好みで
強靭な肉体…随時

YAMATOレシピのキモ

市販の3倍稀釈タイプのめんつゆを隠し味としてそのまま薄めずに使うぞ。

ここだよ、ここ！

1

常日頃からトレーニングし、強靭な肉体をキープしておく。

下処理を怠ることなかれ！

2

トマトはへたを取りお尻に切り込みを入れて湯むき、ズッキーニは均等に縦に3本ピーラーで皮をむいた後に角切り、なすも角切りにする。

3

フライパンにオリーブオイルを垂らして強火で熱し、ズッキーニを炒める。ズッキーニがしんなりしたらなすを入れ、なすに火が通るまで炒める。その後、冷ましておく。

4

ボウルにトマトドレッシング、めんつゆ、昆布茶、冷ましたズッキーニとなす、トマトを加え、あえる。

YAMATOレシピのキモ

YAMATOレシピおなじみの昆布茶を投入！　常に昆布茶をストックしておけ！

5

たっぷりの湯でパスタをやわらかめにゆで、その後冷水で冷やし、充分水をきる。

YAMATOレシピのキモ

ここでの筋肉の有無がおいしさの決め手となるぞ！　上腕二頭筋を奮い立たせろ！

6

4にパスタを加えあえる。冷やした皿にパスタ、野菜類の順で盛り、あればスイートバジルなどで飾る。

奥深い味わいを手軽に家庭で堪能できるんだ
完成！

男を射止める最大の武器はコレしかない！

最強のポテトサラダ

みなさんは居酒屋に行ったとき、真っ先に何を頼むだろうか。

俺はそうだな、いくつかお決まりのメニューがあるんだが、やはり「ポテトサラダ」は外せない一品。メニュー表に見つければ必ず注文している。

何かと手間がかかり気軽に作れないゆえ、男にとってポテトサラダはロマンなんだ。

男が女性に作ってほしい料理は数多くあるんだが、俺なら「ポテトサラダ」をおいしく作られたら心をぐっとつかまれるだろうな。

ってわけで、今回は俺が試行錯誤してついにたどり着いた珠玉のレシピをご紹介。なんとポテトチップスを使用するぞ！

トマトドレッシングをかければさらにうまいんだ！

YAMATOのトマトドレッシングレシピ

俺が持っているどんな得意技も、このポテサラには敵わんだろう…

材料（4人分）

- 男爵いも…小6個
- ベーコン…70g
- 玉ねぎ…1／2個
- 卵…2個
- マヨネーズ…大さじ6
- 粒マスタード…小さじ2
- 砂糖…小さじ6
- バター…10g
- サラダ油…少々
- ポテトチップス（味はお好みで）…約10枚
- イタリアンパセリ…適宜
- 粗びきこしょう…適宜
- YAMATOのトマトドレッシング（作り方はP106）…適宜
- 強靭な肉体…随時

カッチカチ
ゆでる前のいものような固さの筋肉をめざそう！

1

常日頃からトレーニングし、強靭な肉体をキープしておく。

2

卵を固めにゆで、殻をむきみじん切りにしておく。

YAMATOレシピのキモ

YAMATO秘伝の卵の殻むきテクニック！　使うのはなんと“プロテインシェーカー”。これに水を満タンにし、そこにゆで卵を投入。何度かシェイクすることで殻にひびが入り、むきやすくなるんだ！　ただし固ゆで卵じゃなく半熟状態だと悲惨なことになるので注意するように！　失敗した際は自己責任で！

3

玉ねぎは薄切り、ベーコンは1㎝角に切り、フライパンにサラダ油を引き、炒める。

4

男爵いもの皮をむき、1㎝くらいの厚さに切り、フライパンで水からゆでる。男爵いもに串が通るくらいに火が通ったら湯をきり、極弱火にかけ、つぶしながら水分を飛ばす。

YAMATOレシピのキモ

いもの天地を包丁で落とすことでピューラーを当てやすくなるんだ！

フライパンの中で熱いうちにじゃがいもをつぶしぬけ！

5

火を止め、男爵いもが熱いうちにバター、砂糖を加えて混ぜる。

6

5をボウルに移し、マヨネーズ、マスタード、炒めたベーコン、玉ねぎ、ゆで卵を加え混ぜる。

7

皿に盛り、トマトドレッシングを少量かける。粗びきこしょう、イタリアンパセリ、ポテトチップスなどで飾る。

完成！
これはかなりのテッパンレシピだぞ！
自信作だ。
ぜひとも試してみてくれ！

全知全能のポテトコロッケ

男を射止める最大の武器はコレしかない！

子供のころに食べたコロッケの味というのは、誰しもが忘れられないもんだよな。特に素朴な味わいのポテトコロッケは、時折無性に食べたくなるんだ。

そこで今回、誰しもがなつかしいと思うような母ちゃんが作ったみたいな素朴な味わいのポテトコロッケを作ろうと思う！

が、このYAMATOたる者、そんじょそこらにあるようなレシピを紹介するはずないよな？

そうなんだ、110ページで紹介したポテトサラダを、なんとポテトコロッケに変身させてみようと思うぞ。アレンジレシピだ。

まずは多めにポテサラを作り、あえて余らせて、このコロッケを作ってみてくれないか？

普通に作ったコロッケとは、味の奥行きに大きな差が出るぞ。

ソースの代わりにトマトドレッシングをかけよう！

YAMATOのトマトドレッシングレシピ

普段はカッチカチな筋肉の俺も……これを食べるとホックホクだ！

材料（4個分）
最強のポテトサラダ
（作り方はP110）…320ｇ
卵…1個
塩、こしょう…各少々
小麦粉…適宜
生パン粉…適宜
揚げ油…適宜
YAMATOの
トマトドレッシング
（作り方はP106）…少々
強靭な肉体…随時

この工程をさぼったやつは本当のうまさには到達しないぞ！

1
常日頃からトレーニングし、強靭な肉体をキープしておく。

全筋肉を研ぎ澄まして優しくな！

2
ポテトサラダを80gずつ分け、それぞれ小判形に成形する。

3
卵を溶き、塩、こしょうをふる。

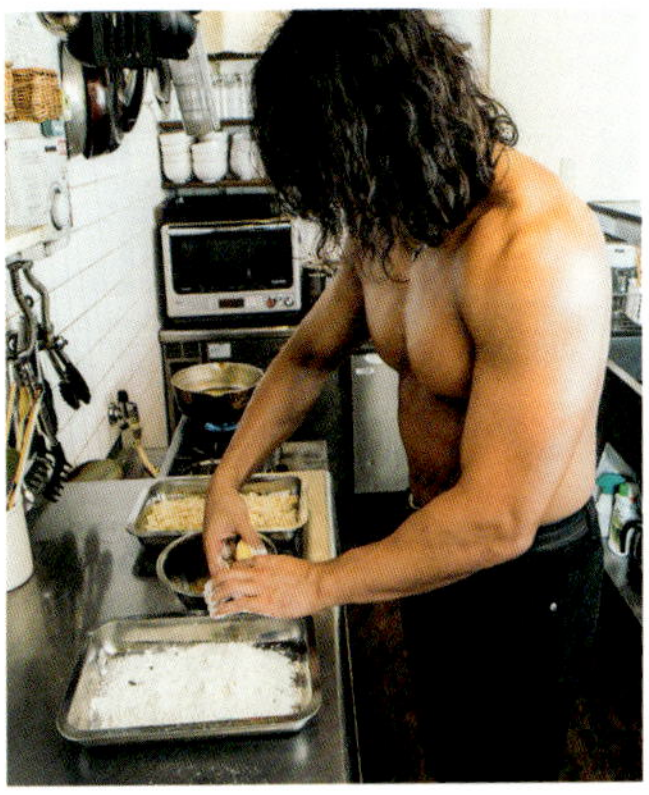

4
小判形に成形したポテトサラダを小麦粉→溶き卵→生パン粉の順に衣をつける。

YAMATOレシピのキモ
小麦粉はふるいにかけておくと、より食感が繊細になりおいしさが増すぞ！　またパン粉は、生パン粉タイプだとサクサク感がアップするのだ！

ヒイィッ

5
鍋に揚げ油を用意し、160℃に熱する。そこに4を入れて表面がキツネ色になるまで揚げる。

YAMATOレシピのキモ
ここで注意だ！　俺様のような強靭な肉体をもってしても、揚げ油との戦いに勝ち目ナシ！

ここで裸エプロンの登場だ！

6
皿に盛り付け、ドレッシングをソースにして飾る。

完成！

ポテトサラダには火が通ってるから、
揚げる時間も短くすむし、
揚げ焼きにすれば油の量も
カロリーも大幅にカットできるぞ！

YAMATOのこだわり4

昆布茶への愛が止まらない

お前へのこの愛は、
永遠に続く…

YAMATOレシピのマニアならご存知のとおり、**YAMATOレシピを陰で支える重要な調味料**がある。いや、正確にいうと調味料ではないな。本来ならばお茶であるので。

そう、その重要なアイテムとは**「昆布茶」**だ。連載1回目から登場し、もう何度登場したかわからないぐらいだ。一時は**癒着を疑われたほどの蜜月の仲**（笑）。

塩、しょうゆ、みそ…従来の調味料だけだとなんか味が決まらない、締まりがない、深みがないってときがある。そんなときにはいつもコイツに助けてもらっているんだ。

昆布ってだけあり、だしの旨味もあり、さらには甘さやコクもぎっしり詰まっている。決して出しゃばらないのに、入れれば確実に味に変化が表れる、そんな頼りになる相棒なんだ。

この書籍のレシピでもかなりのレシピで昆布茶を材料として採用している。YAMATOレシピで作る際には、ぜひともこの昆布茶を購入し、台所の**陰のエース調味料**として活躍させてくれ。

第5章

みんなでワイワイ

パーティレシピ

ホームパーティで大活躍するおつまみ！

漬けかつおのタルタルディップ

ホームパーティってやつを開いたことは、あるだろうか。

　まぁホームパーティってほど大袈裟じゃなくても、ちょっと友達が家に遊びに来たとか、そんな感じでもかまわない。

　今回は、そんなときに活躍するレシピを紹介するぞ。材料さえあればささっと作れるおつまみだから、間違いなく役立つはずだ。

　おいしいのはもちろんのこと、凝って見えるのに意外と手間のかからない、というところにこだわってみた。

　しかもワインやビールはもちろん、たくあん&大葉&わさびで和風に仕立てたから、日本酒や焼酎にだって相性バッチリ。

　パーティのときやお酒のお供に活躍させてくれよ！


今回はかつおの刺身で作るが、かつおのたたきでもＯＫだ。またまぐろなど、ほかの魚の刺身でも代用ＯＫ！

もっと大人の味にしたければ、わさびをさらに1/2追加してみてくれ！

材料（クラッカー18枚分）

- かつお刺身…6切れ
- しょうゆ、みりん、酒…各大さじ2
- わさび…小さじ1/2
- タルタルソース
  - マヨネーズ…100cc
  - 玉ねぎ…1/4個
  - 固ゆで卵…1個
  - たくあん…30g
  - 大葉…2〜3枚
  - 塩、こしょう…各少々
- クラッカー…18枚
- 強靭な肉体…随時

力強い肉体からしか出せない究極の味を求めてくれ！

1 常日頃からトレーニングし、強靭な肉体をキープしておく。

見るな！

2 漬けだれを作る。酒、みりん、しょうゆを極弱火にかけて、沸騰しないようにアルコールを飛ばし、冷ます。

3 刺身を薄切りにする。

4 タルタルソースを作る。固ゆで卵はみじん切り。玉ねぎ、たくあんもみじん切りにする。玉ねぎは塩でもみ、水にさらして絞る。大葉はせん切り。タルタルソースの材料をボウルで混ぜ、塩、こしょうで味を調える。

YAMATOレシピのキモ

タルタルソースの材料だが、普通はピクルスを使うところ、たくあんで作るぞ。甘みもあって食感もいい！　最高においしいのだ！

5 2のたれが冷めたらわさびを入れ、かつおの刺身を漬ける。10分程度漬けたらたれをきり、刺身をサイコロ状に切って4に入れ軽く混ぜる。

6 クラッカーを添えて完成。

完成！

さきいかの春雨炒め

乾きものおつまみ〝さきいか〟を激ウマお惣菜に!

俺は酒が大好きなんだが、その際におつまみでよく食べるのが〝さきいか〟だ。噛めば噛むほど深い味わいがあって、ヤミツキになる中毒性があるんだ。

ある日、さきいかを貪り喰ってる中、ピコーンとひらめいた!

このさきいかを使って料理を作れば、旨味の詰まった一品がいとも簡単に作れるはず、と。

だって噛めば噛むほど旨味がじゃんじゃか出てくるだろ? この凝縮した旨味を料理に利用しない手はないと思わないか?

しかし思いついたはいいが、ここからレシピを考案するのはなかなか苦難の道のりで…。というのも酒の肴としてはもちろんのこと、ご飯のおかずにもなるレシピ、という両立を考えたからだ。

そこで俺は、さきいかの旨味エキスに加え、にんにくやナンプラー、豆板醤でさらに味に奥行きを出してみることにしたぞ。この出会いが最高のマッチングに!

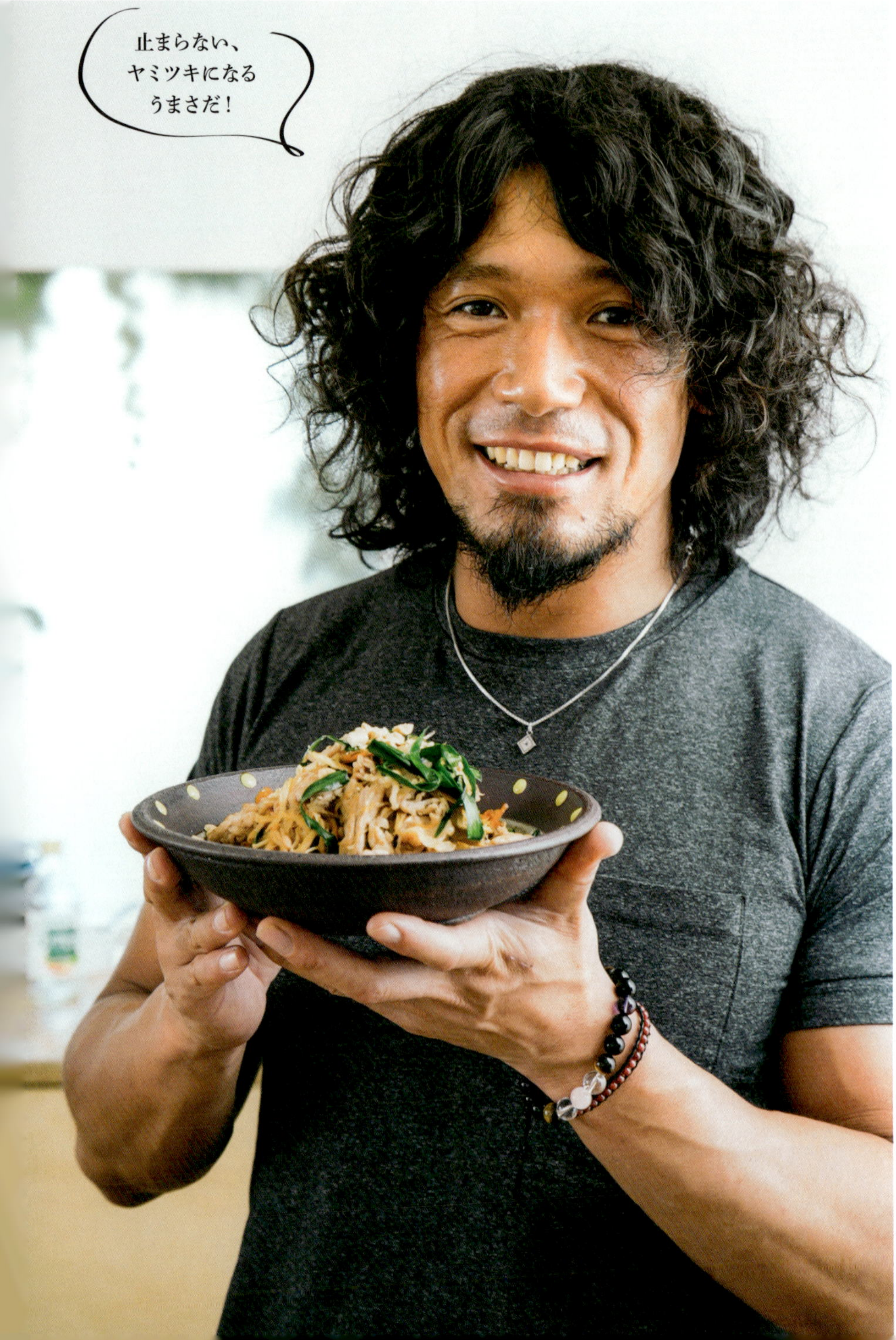

材料（2人分）

- 春雨…約45g（戻す前の分量）
- 豚バラ肉(しゃぶしゃぶ用)…約150g
- えのき…半株
- にら…1/3束
- さきいか…約25g
- 酒…大さじ2
- オイスターソース…大さじ1
- しょうゆ…小さじ1
- 砂糖…小さじ1
- ナンプラー（ニョクマムでも可）…少々
- 豆板醤…小さじ1
- にんにく…1片
- 干しえび…20g
- サラダ油…大さじ1
- ごま油…少々
- 強靱な肉体…随時

YAMATOレシピのキモ

日本の食卓でも定番になりつつあるタイの調味料、魚醤・ナンプラーがこのレシピの味の決め手になるぞ。ベトナムの魚醤・ニョクマムでもほぼ同じなので、手に入りやすいほうを使ってみてくれ。

ナンプラーのような、
クセのあるBODYで
魅了しろ！

1

常日頃からトレーニングし、強靱な肉体をキープしておく。

2

春雨は湯で固めに戻し、サラダ油少々（分量外）であえておく。豚バラ肉は小さめに切る。えのきは根元を切り落として、房を分ける。にらも、えのきと同じくらいの長さに切る。

YAMATOレシピのキモ

春雨はその後炒めるので、食感が損なわれないよう固めに戻すのがポイントだ。

3

酒、オイスターソース、しょうゆ、砂糖はあらかじめボウルに合わせて混ぜておく。

4

フライパンに油を引き、にんにく、豆板醤を入れ、強火にかけたら豚バラ肉、さきいか、干しえびを入れ炒め合わせる。

5

豚バラ肉に火が通ったらえのき、春雨を入れ、さらに炒め合わせたら3とごま油を加え、ナンプラーを少々ふりかける。最後に、にらを加えたらフライパンを数回振って、皿に盛りつける。

YAMATOレシピのキモ

炒める順番は意味があり、重要だぞ。適当に入れず、余計なアレンジをせずに、まずはYAMATOレシピに忠実に作ってみてほしい。

完成！
どうだ。
旨味が凝縮
している
のがわかるだろう？

柚子こしょうをちょい足しで味を爆上げ！

きのこの山鍋

寒くなれば恋しくなるもの…それはもちろん鍋！

鍋といってもさまざまな種類があるよな。俺はしょうゆもごまだれもみそも好きだ。何を作ろうか迷ったのだが、今回はしっかりだしをとった「間違いない鍋」を紹介しようと思う。

そう、今回紹介するのはオーソドックスなしょうゆ風味の汁！

だがそこに「柚子こしょう」をたった小さじ1杯を投入することで、味に一気に奥行きができ、猛烈にうまくなることを発見したので、それをみんなに知らせたくてしょうがなくなったってわけ。

「柚子こしょうをちょい足し」で驚くほど味に奥行きが出るぞ。

丁寧にだしをとったベーシックなしょうゆ味だからこそ、柚子こしょうの風味が際立つってわけだ。そのバランスの良さをぜひとも味わってみてほしい。

具材もきのこと鶏だんごだから、ダイエット中でも安心！

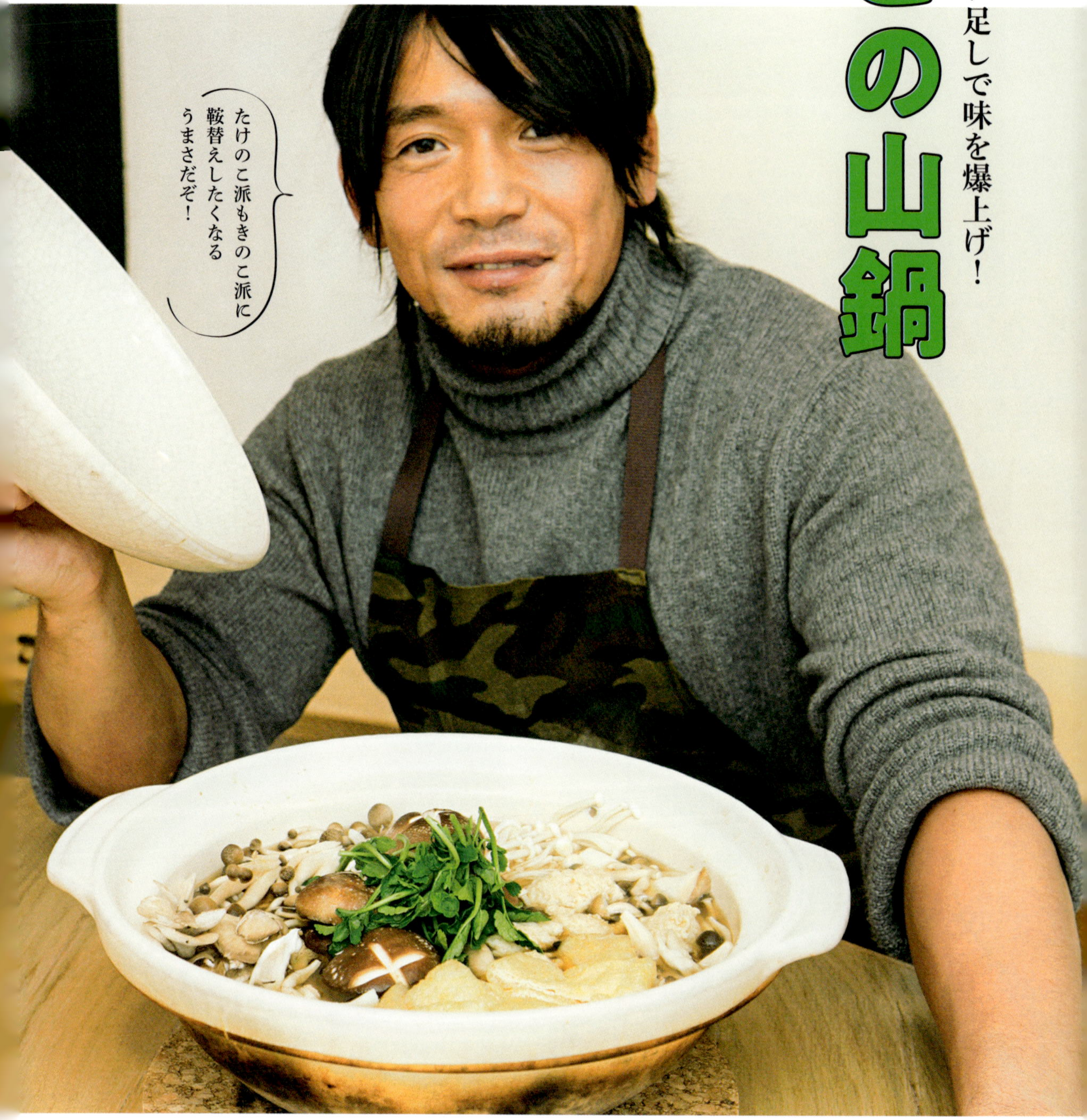

たけのこ派もきのこ派に
鞍替えしたくなる
うまさだぞ！

材料（4〜5人分）

- A
  - 鶏ひき肉…450g
  - 長ねぎ（みじん切り）…1/2本
  - 卵…1個
  - 酒…大さじ1
  - 砂糖…大さじ2
  - しょうゆ…大さじ1
  - 片栗粉…大さじ5
  - 昆布茶…4g
  - しょうが…1片
  - 塩、こしょう…各適量
- しめじ…1株
- しいたけ…6個
- まいたけ…2株
- えのき…1株
- エリンギ…1パック
- 油揚げ…2枚
- せり（ざく切り）…適量
- B
  - だし（鰹節と昆布）…1500cc
  - ガラスープの素…大さじ2
  - しょうゆ…大さじ6
  - みりん…大さじ6
  - 砂糖…大さじ1
  - 柚子こしょう…小さじ1
- 強靱な肉体…随時

鍋で使うガスボンベだって十分なトレーニングツールに！

1 常日頃からトレーニングし、強靱な肉体をキープしておく。

2 だしをとっておく。

YAMATOレシピのキモ

水のうちから昆布を入れ、沸騰直前に鰹節をたっぷり加え、沸騰したら火を止める。昆布、鰹節はフキンなどでこす。

3 鶏だんごを作る。Aの材料をすべてボウルに入れて、手早く練り合わせる。鍋に湯を沸かし、だんごの形を成形しながら熱湯に入れ、火をしっかり通す。その後、ざるにあけておく。

4 Bの材料をすべて加えて鍋にかける。

5 きのこ類の房を分けて、食べやすい大きさにする。油揚げは色紙切りにして油抜きをしておく。

6 鍋に材料をきれいに盛り付け、彩りでせりを散らす。

完成！

だしの旨味と柚子こしょうのさりげないピリリが最高だ！

煮切り酒の塩麹ちゃんこ

〝漢《おとこ》のちゃんこ〟でごっつぁんです!

「ちゃんこ」と聞いて真っ先に思い浮かぶのは「相撲部屋」じゃないだろうか。

知っているかと思うが、そもそも「ちゃんこ」=相撲の力士が作る料理の総称だ。つまりは力士が作ればカレーライスだってハンバーグだってパンケーキだって「ちゃんこ」というわけ。

が、この「ちゃんこ」文化は実はプロレスの世界にもある。

諸説あるのだが、伝説のプロレスラー・力道山がもともとは相撲力士であったことからの流れだといわれているぞ。

そんなわけで今回は、プロレスラーYAMATOが作るとっておきの「ちゃんこ」の味をお届けしたいと思う。

うまさの秘訣は「煮切り酒」!

酒を煮切ることによって、香りが良くなり、より魅力的な風味になるんだ。旨味を増幅させる「煮切り酒」の工程は、覚えておいて損はなしだぞ!

清酒ではなく、
塩の入っている「料理酒」
で作るのがおすすめだ!

材料（4～5人分）
だし（鰹節と昆布）
…1200cc
酒…500cc
塩麹…大さじ3
豚バラ肉…600g
キャベツ…1／2個
油揚げ…4枚
ごま油…適宜
薄切りの輪切りレモン
…1/2個
（お好みで）粒こしょう…少々
強靱な肉体…随時

1
常日頃からトレーニングし、強靱な肉体をキープしておく。

YAMATOレシピのキモ

工程1はネタじゃないぞ。本気で取り組め！

ファイヤーーーーーーー！！！！！

2
煮切り酒を作る。鍋に酒を入れ強火にかけ、アルコールを飛ばす。その後、だし1200ccと合わせ、塩麹も加えて極弱火にかけておく。

3
豚バラ肉は5cm程に切る。その後、沸騰したお湯にくぐらせて余分な脂とくさみを取り、ざるにあけて水気をきる。油揚げは横半分、縦1／5に切り、豚バラ肉と同様、沸騰したお湯にくぐらせて、酸化した油を取り除き、ざるにあける。キャベツは油揚げと同じサイズの色紙切りにする。

YAMATOレシピのキモ

具材のサイズを揃えることで、見た目だけでなく、食べやすさも上昇するんだ！

4
2の鍋に具材をすべて盛りつけ、強火にかける。沸騰したら、ごま油、粒こしょうをふる。仕上げに彩りで輪切りレモンを飾り付ける。

輪切りレモンで
見た目も盛るぞ！

完成！

あっさりした汁
にもかかわらず、
深みのある味わいが
わかるだろうか。
煮切り酒と塩麹の
なせる業だ！

東北の秋の風物詩といえばコレ！

思い出の芋の子汁

岩手出身の俺は毎年秋が深まる時期になると無性に「里いも」が食いたくなる。というのも、幼いころから慣れ親しんだ「芋煮会」の季節だからだ。

「芋煮会」とは、岩手、山形、宮城を中心とした東北地方で秋から冬にかけて行われるもの。河原などに集い、大鍋で里いもを煮た汁＝「芋の子汁」をみなで食らう東北っ子にはなじみの恒例行事なんだ。少年ＹＡＭＡＴＯもご多分にもれず、この芋の子汁を毎年楽しみにしていたってわけ。

もともとは、収穫した里いもの保存が難しかったことから、越冬前に喰らい尽くしてしまえ！というところから発祥したようだ。

そこで今回は、少年ＹＡＭＡＴＯの思い出の味「芋の子汁」を家庭でも手軽に作れるよう改良して紹介する。地域ごとに味は異なるので、このレシピはあくまでもＹＡＭＡＴＯ流だってことを知っておいてくれよ。

地域によって
味付けは変わるが、
YAMATO家周辺では
この味がスタンダードだ！
I'm standing
with my yamato

少年YAMATOよ！
俺はこんなに
強くなったぞ！

ノスタルジック
YAMATO

材料（5〜6人分）

- だし（かつおと昆布）…1500cc
- 鶏ガラスープの素…大さじ1〜2
- 砂糖…大さじ1
- みりん…大さじ6
- しょうゆ…大さじ6
- 里いも…800g
- 豚バラ肉…300g
- しめじ…2パック
- 長ねぎ…2本
- こんにゃく…1丁
- 木綿豆腐…1丁
- 強靱な肉体…随時

寒くなる前に、
強靭な肉体を完成させて
免疫力もアップだ！

1 常日頃からトレーニングし、強靭な肉体をキープしておく。

2 だしをとる。1500ccの水に昆布を入れ煮出す。沸騰直前に鰹節を加え、沸騰したら火を止める。10分程度置き、サラシでこす。

YAMATOレシピのキモ

できれば丁寧にだしをとってほしいが、時短派は合わせだしの素を使ってくれ！

六方剥きとは上下を落とした後、側面が6面になるように皮を剥きながら切る方法だ。見た目がよいだけでなく、煮崩れしにくくなるぞ。

下ゆですることで、味が染み込みやすくなるんだ。面倒がらずに！

3 里いもは流水とタワシでよく洗い、六方むきにし、塩もみ後に下ゆでする。

4 豚肉はひと口大にして下ゆでをする。長ねぎは斜め切り、しめじは石づきを落として房から分ける。こんにゃくは包丁ではなく手でちぎる。

YAMATOレシピのキモ

こんにゃくは手でちぎるのが鉄則！　味が染み込みやすくなる上、独特の舌触りも楽しめる。

家にあるできるだけ
デカい鍋で作ろう！

5 だしに食材を投入し、アクを取る。砂糖、みりん、しょうゆで味付けした後、豆腐を加えてひと煮立ちさせる。一度冷ますと味がなじむ。

シンプルかつ
優しい味付け
なので、
何杯でもかっ喰らう
ことができるぞ！
完成！

たらの塩麹フリッター

塩麹の旨味がポイント!

今回はサクサクふわふわの「フリッター」を作ろうと思う。

フリッターとは卵白を泡立てたメレンゲを衣に使用し、小麦粉としっかり混ぜ合わせて作るため、フライと違いふっくらした衣が特徴の揚げ方なんだ。覚えておこう。

卵白作りは面倒に思うかもしれんが、そのおかげでサクサク最高の食感が手に入るぞ。

揚げ物はパーティでの人気メニューのひとつだが、たまには普通のフライではなくフリッターに挑戦してみてほしい。

やわらかな、たらとフリッターの衣との相性は抜群だ!

また今回は、ここに塩麹を入れているぞ。数年前に大ブームになった塩麹だが、今では一時のブームではなく、すっかり定番の調味料になっているよな。おかげでスーパーでも手に入れやすくなり、俺的にはかなり助かっている。

塩麹を入れることで旨味が増すだけでなく、食感も良くなるぞ。

たら以外の魚でもOKだ。スーパーでこれぞという白身魚やえびを見つけたときに作ってみてほしい

見ろ! 俺の筋肉を…
いや、このうまそうなフリッターを!

材料（2人分）

たらの切り身…4切れ
薄力粉…100g
片栗粉…30g
ベーキングパウダー
　…小さじ1/2
卵…1個
牛乳…100cc
塩麹…大さじ1
青のり…小さじ1
揚げ油…適量
レモン…適宜
ソース｜ケチャップとマヨネーズを1対1の割合で…適量

強靭な肉体…随時

今回はメレンゲを作らなくてはならないので、筋力・持久力は必須だ！

1

常日頃からトレーニングし、強靭な肉体をキープしておく。

メレンゲ作りのコツはズバリ体力！　また泡立て器やボウルは清潔で乾燥したものを使おう。体力に自信がなければハンドミキサーを使ってもOKだ。

フリッター作りの陰の主役といえば、ベーキングパウダー。衣がふっくらするぞ。

2

卵は黄身と白身に分け、白身はメレンゲにする。黄身、メレンゲ、薄力粉、ベーキングパウダー、牛乳、塩麹、青のりを合わせ、サックリと混ぜ合わせる。

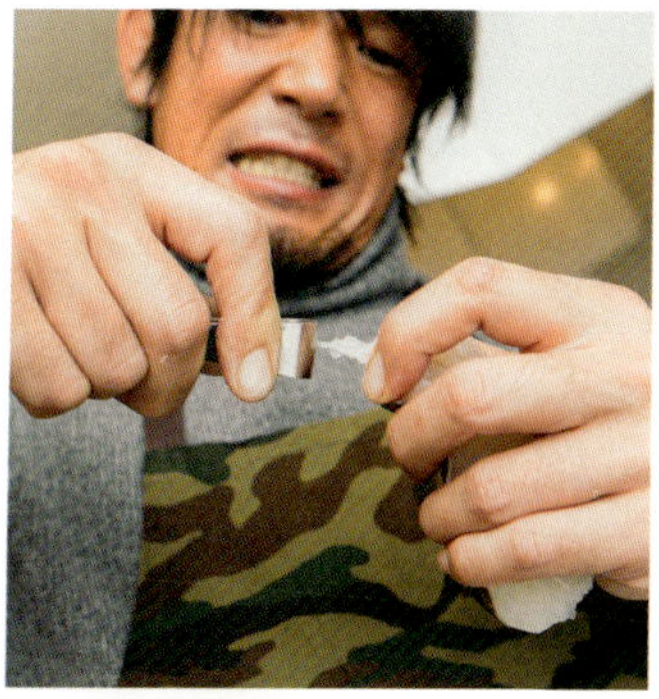

大きい骨は骨抜きで取っておこう。専用の骨抜きがない場合は、ピンセットでも代用可能だ。丁寧な仕事を！

160度程度の低温でじっくり揚げるのが成功の秘訣だ。表面がきつね色になるまで返しながら揚げていこう。

3

たらの切り身に塩、こしょうをして、表面の水分は拭き取る。2の衣をつけて、低温でじっくり揚げる。

4

くし形に切ったレモン、ソースの材料を混ぜたもの（オーロラソース）を添える。

完成！

淡白な白身魚にはオーロラソースがよく合う。ケチャップとマヨネーズを混ぜるだけで簡単にできるので、ぜひ作ってみてくれ！

魚介と肉の旨味をギュッと凝縮!

あさりとベーコンといかの酒蒸し

今日は酒の肴の定番・あさりの酒蒸しを作るんだが、普通のレシピじゃYAMATO流が廃るってもん。

そこで今回は、ちょっと豪華で旨味をぎゅっと詰めた、俺にしか作れないYAMATO特製の酒蒸しを紹介しようと思う。

俺の持論に、「だしは重ねるほどにうまくなる」というのがある。

なのでこのレシピでは旨味がたっぷり出る食材をセレクトし、贅沢に使ってみたいと思っているぞ。これは期待していてほしい!

俺が今回セレクトしたのは、魚介の旨味を出すあさりのほかに、肉汁がたっぷり出るベーコンとさらに魚介の旨味をプラスするためにいかを用意した。3種の合わせ技で、今までにないボリュームたっぷりの酒蒸しを完成させるぞ!

ホームパーティという名のリングで負け知らずの最強レシピだ!

パクチーもたっぷりのって、無国籍の雰囲気に仕上がっただろ?

材料（3人分）	
活あさり…200g	オリーブオイル…大さじ2
ベーコン…200g	酒…100cc
いか…2ハイ	だし…100cc
トマト…1／2個	パクチー
にんにく…1片	（なければわけぎなど）…適量
	強靱な肉体…随時

うまい飯にはうまいBODYが必須なのだ！

1

常日頃からトレーニングし、強靱な肉体をキープしておく。

2

あさりはきれいに洗い、海水濃度の塩水に浸けてふたをし、砂をしっかりと吐かせていく。

YAMATOレシピのキモ

1時間もあれば塩抜きできるからしっかり準備しておこう。

3

トマトは湯むきして半分に切り、へたを取っておく。

YAMATOレシピのキモ

面倒くさがらずに湯むきせよ！

スライスタイプではなく、肉厚タイプのベーコンを選んでくれ！

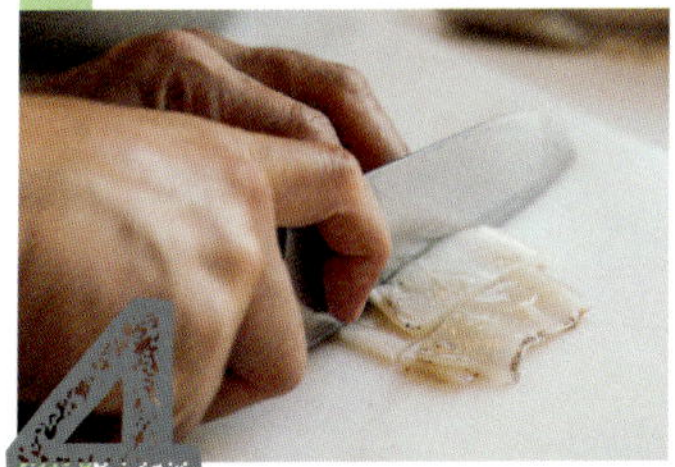

火を入れると多少縮むのでそれを想定して大きめに切ってくれ。

4

ベーコンはひょうしぎ切りに、いかは捌いた後に色紙切りにそれぞれ切っておく。

5

オリーブオイル（大さじ1）を熱したフライパンで、ベーコンに焼き目を付け、油ごとバットなどにあけておく。

YAMATOレシピのキモ

油は捨てずにとっておこう！　ベーコンの旨味をたっぷり吸った油が味の決め手だ！

6

オリーブオイル（大さじ1）で熱したフライパンでみじん切りにしたトマト、にんにくを炒め、そこにベーコンも加える。にんにくをひとまとめにし、あさり、いかをきれいに盛り付け、強火にかけたら酒を加える。アルコールが飛んだらだしを加え、ふたをする。あさりの口がすべて開いたら、パクチーを飾り、もう一度ふたをして蒸らす。そのまま食卓へ。

YAMATOレシピのキモ

あさり、いか、ベーコンをそれぞれひとまとめにすると見栄え良く仕上がるぞ！　フライパンのまま大胆に食卓へGO！

完成！

フライパンだけでできるヤミツキ必至のうまさ

悪魔のいかめし

突然だが、「いかめし」を食べたことはあるだろうか?

あれは見た目にも楽しいし、なんだかクセになるうまさがあると思わないか? 俺は大好きだ。

がしかし「ある」って人も、多くは駅弁だったり北海道系の居酒屋だったりするんじゃないだろうか。そこいらで気軽に食べられないってのが実情だと思う。

そこでYAMATOの登場だ。

「え? 家に蒸し器も圧力鍋もないし… 自宅でできるの?」なんて声も聞こえてきそうだが、これができるんだぞ。なんと特別な調理器具は使わず、フライパンひとつで簡単にできるいかめしを今回は特別に伝授しようと思っている。

また味付けは、ローソンの人気商品「悪魔のおにぎり」をヒントに、青のりと天かすを投入。

ただでさえ猛烈にうまいってのに、やみつき度まで加わったんだ。

いかは冷凍じゃなく新鮮な生のものを選んでくれ。

家庭でも手軽に
いかめしが
作れるんだ！

どうだ、俺の筋肉のごとくふっくら膨らんでうまそうだろ?!

いかめしBODY

材料（3人分）

するめいか…3ハイ
もち米…1/2合（約120g）
めんつゆ
…2倍希釈で大さじ2
天かす…15g
青のり…2つまみ
だし…300cc
酒…大さじ3
みりん…大さじ2
しょうゆ…大さじ1
あさつき…適量
強靱な肉体…随時

1
常日頃からトレーニングし、強靱な肉体をキープしておく。

2
するめいかを捌いて食べやすい大きさに切る。ゲソ部分は細かく刻んでおく。もち米は研いだ後、一晩水にしっかりと浸けておく。

YAMATOレシピのキモ
ゲソ部分は具材として使用するぞ！

この時点ですでにうまそうなニオイがしてくるぞ！　たまんねー。

飾り包丁を入れておくと、炊きあがったあと美しくなるんだ！

3
一晩水に浸けたもち米にめんつゆ、天かす、青のり、細かく刻んだゲソを混ぜ合わせて、写真のように飾り包丁を入れたするめいかの胴体に詰める。7割程詰めたら、楊枝で閉じる。

4
フライパンでだし、酒、みりん、しょうゆを沸かし、いかを入れる。ふたをして弱火で30分、火を止めて10分。ふたを取って冷ましたら、輪切りにし、煮汁を少し引いたお皿に盛り、刻んだあさつきを飾る。

完成！

YAMATOレシピのキモ
盛り付けは2ハイ分だが、それでもかなりボリューミーだろ？　天かすと青のりが入っているだけで、香りもさらに立ち、止まらなくなる中毒性を感じるはずだ。ちなみに残った煮汁も本当にうまいから、そのままご飯にかけて食べたり、納豆のたれとして使ったりと、ぜひ活用してみてくれ。

麻婆なすのグラタン

余った麻婆なすがちょいアレンジで女子ウケ抜群なアレに変身?

グラタンと聞くとオーブンも使うし、ホワイトソースも作らなきゃだしと何かと面倒なイメージを持っている人もいるんじゃないだろうか。でもな、実際はそんなことはないんだってことを教えたい。

グラタンの魅力はなんといってもアツアツさ。どうせなら自宅で気軽に作れれば、アツアツを頬張ることができるよな。

そこで今回、麻婆なすをベースとして作る時短&激ウマな一品を紹介しようじゃないか。

前日の夜に麻婆なすを大量に仕込んでおき、余ったものをグラタンにすれば簡単に作れちゃうってわけだ。ちなみにYAMATO流の麻婆なすレシピは52ページで紹介しているぞ。

大きめのグラタン皿を用意すれば、パーティの主役メニューに躍り出ることも可能なんだ!

中華とイタリアンの意外なミックスがこれまた絶妙な味わいなんだ! 感動を生むこと間違いなし。

アレンジ次第で
中華が
パーティーメニューに!

アツアツだから
ヤケドするなよ?

材料(1人分)

- 麻婆なす(作り方はP52)…150g
- ホワイトソース(作り方はP30)…150g
- ショートパスタ(ペンネなど)…50g(ゆでた状態での計量)
- ピザ用の溶けるタイプのチーズ…約40g(お好みで増減)
- パセリ…お好みで
- 強靭な肉体…随時

YAMATOレシピのキモ

どうしても時短したいって人は、缶詰のホワイトソースを使ってもOKだぞ。

オーブンの扉をかっこよく開け閉めするには、美しい筋肉が必須だ!

1

常日頃からトレーニングし、強靭な肉体をキープしておく。

2

ホワイトソースを作っておく。

3

ショートパスタをゆで、お湯をきっておく。

4

ゆでたショートパスタをホワイトソースにからめグラタン皿に敷きつめる。その上に麻婆なす、さらにチーズをまんべんなく散らす。

スクワットでついでに下半身を鍛えろ!

5

210℃に温めたオーブンで10分間焼く。お好みで刻んだパセリを飾る。

完成!
食欲をそそる見た目と香りだ!
麻婆なすを事前に仕込んでおけば、一瞬で完成するぞ!

豪快なパーティの主役メニューに最適

豚肉のBBQ

スッキリ

このレシピは俺が朝の情報番組『スッキリ』（日本テレビ系）に出演した際に披露した「ワニワニパンニック」（ワニ肉のバーベキューソースサンド）をアレンジしたメニューなんだ。

一応紹介しておくが、この俺は『スッキリ』にて不定期で「ナゾ食クッキング」なるコーナーに出演させていただいている。

でもなぜ番組で作ったせっかくの料理をアレンジするのかって？

番組では「ナゾ食クッキング」というコーナーだけあり、食材に「ワニ肉」を使用したからだ。さすがに一般の家庭ではワニは用意できないだろう？（笑）

そこでスーパーで簡単に手に入る豚の肩ロースブロック肉を使用したレシピに作り変えたってわけなんだ。さすが俺！

ブロック肉を豪快に使った食べ応え充分の一品なので、特別な日のおもてなし料理やパーティメニューとしてもおすすめだぞ。

「スッキリ」とのコラボレシピをアレンジしたぞ！

がっつり肉を食べたい日はこれで決まりだ！

意外と筋肉を刺激するポーズだな！

材料（6人分）	
豚の肩ロースブロック肉…約350g	ウスターソース…大さじ3
マンゴーチャツネ…40g	赤ワイン…150cc
玉ねぎ…大1個	はちみつ…1滴
にんにく…大さじ1	チリパウダー（お好みで）…少々
しょうが…大さじ1	塩、こしょう…各少々
トマトペースト…約20g	強靱な肉体…随時

YAMATOレシピのキモ

マンゴーチャツネが用意できなければ、りんごジャムやマンゴージャムで代用してくれ。

でかい肉を扱うレシピだから
このぐらいの
上腕二頭筋が欲しいところ!

1

常日頃からトレーニングし、強靱な肉体をキープしておく。

2

BBQソースを作る。玉ねぎをフードプロセッサーにかけペースト状にし、にんにく、しょうがを加えてフライパンで火にかける。

YAMATOレシピのキモ

玉ねぎの食感が少し残ったほうがうまいから、あまり細かくしすぎずにうまいとこ調整してくれ！

3

玉ねぎの水分が沸騰したら混ぜながら赤ワイン、ウスターソース、トマトペーストを加え、更に煮込みつつマンゴーチャツネも加える。

4

はちみつ、塩、こしょう、お好みでチリパウダーで味を調え、その後粗熱を取る。

YAMATOレシピのキモ

ここではちみつを1滴垂らすかどうかで仕上がりのコクや風味が段違いなんだ。また辛いのが好きな人はチリパウダーをぜひとも入れてみてくれ。

5

豚肉の表面に塩、こしょうし、4に漬ける。

YAMATOレシピのキモ

時間があるのであれば、半日程度漬けると旨味が浸透するぞ。撮影時は時間がなく30分程度の漬け込み時間だった（それでも充分うまかった）ができればたっぷりと！

6

オーブンで表面にまんべんなく焼き色を付け、中まで火を通して完成。火加減の目安は180度に温めたオーブンで40分程度だ！

YAMATOレシピのキモ

さぁ俺の元を離れ、元気で行ってこい！ そしてうまくなって帰ってこい！ 中心部に串などを差し、中から赤い汁が出なければ焼き上がった目安だ。

レスラーYAMATO
今、改めて
料理とプロレスを
語る。

cooking & wrestling

プロレスラーとして成長するために
プロレス以外のことでも
注目を浴びる必要があった

なぜプロレスラーである自分が料理の連載を始めたのか。

この連載のお話をいただいた時期より1年程前に話は遡ります。そのころは、プロレスラーとしての力不足と限界を感じていた時期でした。プロレス以外のことにも目を向けないと、自分自身もドラゴンゲートという団体自体もこれ以上の成長はないと思っていて。

プロレス以外のことで何ができるだろう、そう考えたときに「そうだ、俺には料理という得意分野があるじゃないか」と。

元々持っていた調理師免許に加え、巡業の合間を縫って勉強を重ねフードコーディネーターの資格も取り、すぐに料理ブログを始めて…プロレスラーとしても失いかけていた勢いを取り戻し、上昇気流に乗り始めた時期。良い流れというのは繋がるもので、その流れでこの連載のお話が舞い込んできたと記憶しています。

連載を始めることが決まったとき、「プロレスラーが料理を作るというギャップ」はきっとうまくいくだろうと思っていました。なんの根拠もありませんでしたけど（笑）、自分の中ではうまくいくという確信があったんです。

しかし周囲は違っていただろうなと思います。

「またYAMATOが変なことを始めたぞ」、そんなふうに思われていたんじゃないかな。

でもそんな周囲の声はまったく気にならなかったですね。そのころにはリング上でもちゃんと結果を残していましたし、料理についても片手間じゃなく全力で向き合っていましたから。

ただ連載を始めて唯一の誤算は「圧倒的なレパートリー不足」という点。連載が始まってすぐに気づいてしまいました（笑）。料理を作るのは好きでも、オリジナルのレシピと言えるものは実は10品もなかったんです。

そこでオリジナルレシピ作りに取りかかったんですが、これが本当に難しかった。まず自分は仕事柄、月の2／3は自宅を離れて巡業に出ていますし、トレーニングや試合などでそもそもキッチンに立てる時間に限りがありました。もちろん本業をおろそかにしてまで料理をすることは本末転倒…。

そんな中、キッチンに向かうことなくどうやってオリジナルレシピを開発していたかというと、「イメージ」から作っていきました。

例えば地方大会の打ち上げ会場で食べた料理の味を覚えておいたり、道を歩いていてたまたま通りかかった料理屋の料理写真をスマホで撮影してその画像から味を想像してみたり…。

撮影前にそれらのイメージから材料をそろえ試作をするわけですが、これがまた本当に大変で。なんといっても明日は撮影、そんな切羽詰まった状況で「一発で味が決まるかな」と毎回真剣勝負でしたね。

だけど自分にとっては苦しみじゃなく、むしろ喜びややりがいとなっていたんです。逆に燃えてくるというか。深夜遅くまで試作を繰り返す。そんな日もありました。

撮影現場に行ってもまだレシピが固まらず、その場で小さじ1ずつ調味料を足して味をみて、なんてこともあったりして。本来であればレシピを固めた状態で臨むべきだとは思うのですが、そういうライブ感やリアリティ含めての「筋肉キッチン」なんです。料理家の先生が実は裏でついてたりとかは一切ない、究極のガチンコ料理連載なんですよ（笑）。

4年の連載の歴史で生み出したレシピは今では約１００品となりましたが、苦労したぶん、どれも我が子のようにかわいい料理ばかり（笑）。大げさではなく心の底から思っています。みなさんに実際に作っていただき味わってもらうことで本当の意味での完成です。

ぜひ作ってやってください。

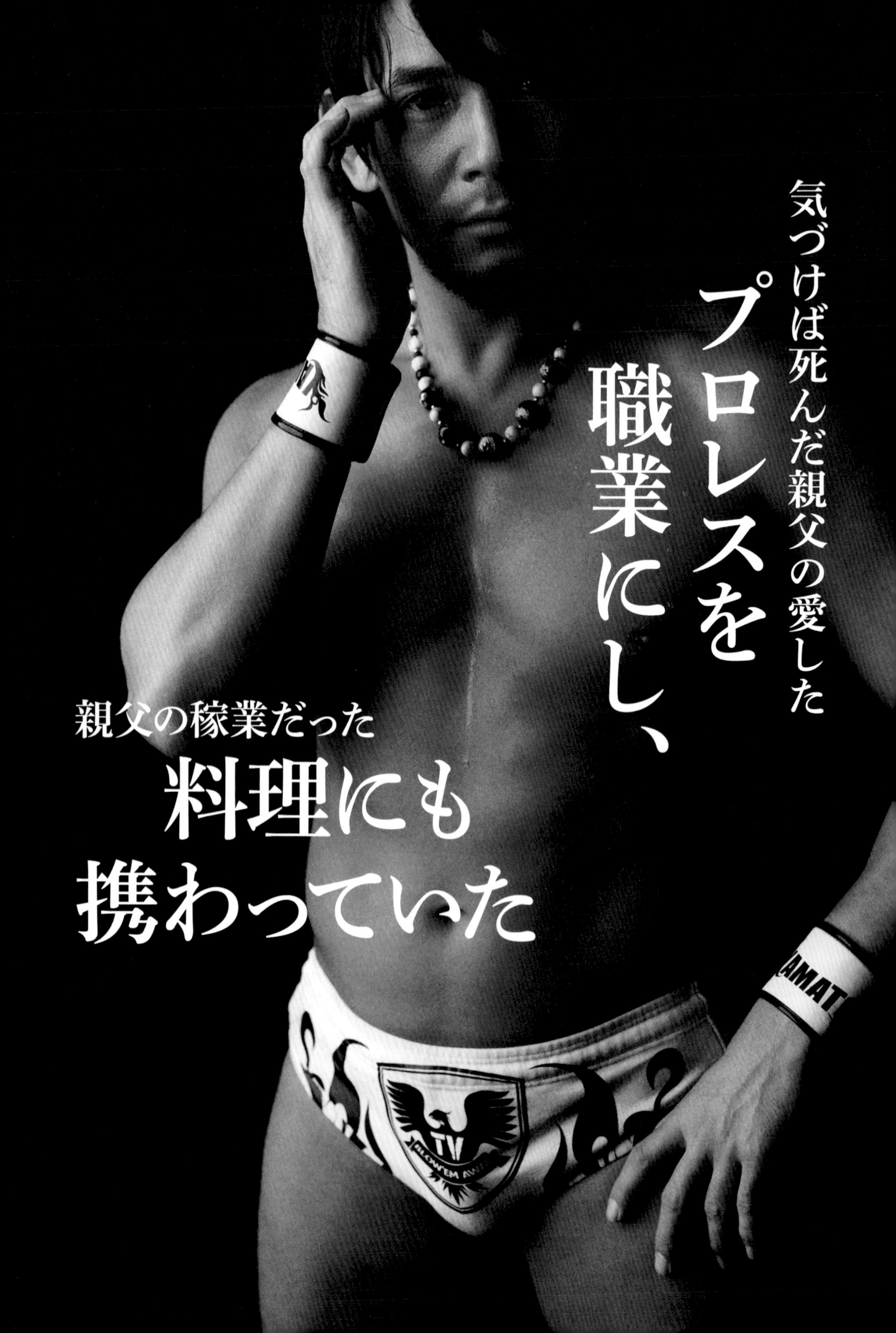

気づけば死んだ親父の愛した
プロレスを
職業にし、

親父の稼業だった
料理にも
携わっていた

こうして今改めてプロレスと料理について考えてみると、ちょっと面白いことに気づいたんです。

それは「プロレスラーとしてのファイトスタイルと、料理に対する姿勢に共通したものがある」ということ。

どういうことかというと、「こだわりすぎることをやめる」ということ、言い方を変えると「こだわりがないことにこだわっている」とも言えます。

こういうことを言うと意外だと思われるプロレスファンの方もいらっしゃるかもしれません。

リング上のYAMATOは、お客さんの目から見たら負けず嫌いでこだわりが強いと思われているだろうなと思うから。リング上ではそう思われて当然ですからね。

でも実際には違うんです。

自分のこだわりだけでリングに上がれば、確実につまらない試合になります。自己満足だけの世界しか作ることはできません。

それは料理も同じで、こだわりだけでは万人を喜ばせるレシピは生み出せないと思っていて、なるべく自分のこだわりを捨ててみんなに愛されるレシピを生み出すことをめざしています。

しかし、ただ万人ウケするだけだと、どこか物足りないものになってしまう可能性もありますよね。欲を言えばそこに少しだけバランスよく自分のこだわりを入れ、プラス20点、30点のものを作りたいなと常に思っています。

ちなみに撮影中の自分は、特にこだわりをなくしています。スタッフからの要求に一度も「NO」と言ったことがありません（笑）。

「YAMATOにNGなし！」

過去の連載を見ていただければ、とんでもないポージングや衣装でも全力でやりきっているのが見て取れると思います（笑）。

そんな撮影スタッフとは約4年間、ときにぶつかりながら（笑）こうして書籍化までこぎつけることができました。今では感謝しかありません。

そして改めまして、今日、この日、この本を手にとってくださったみなさまへ。

まずはこの本に興味を持ってくださり、本当にありがとうございます。

異色な表紙と異色なタイトル、そして裸体で料理していたりと、一見すると「イロモノ」に映るかもしれません。

しかし中身はというと、質実剛健、一品一品丹精を込めて作っており、すべてのレシピがみなさんのお役に立てるレシピであると自負しています。

できればすべてのレシピを作っていただきたいですね。

そしてこの書籍をきっかけにYAMATOを知ったというみなさまへ。

いろいろあってこうして料理の本を出版できる運びになりましたけど、本職は紛れもなく「プロレスラー」です。

年間で160試合をし、DRAGON GATEというプロレス団体で看板レスラーのひとりとして活動している自負があります。

これをきっかけに興味を持っていただけたのなら、ぜひ会場でお会いしましょう。

料理からプロレス、プロレスから料理、この相互関係はYAMATOにしかできないことだと思っています。

どちらも大事な自分。

プロレスも料理も何かしらの形で死ぬまで関わっていきたいと思います。僭越ながら応援のほど、よろしくお願いいたします。

料理名引きINDEX

基本の料理名からYAMATOレシピを引くインデックスページ

あ行

か行

な行

は行

著者 YAMATO

本名：小野寺正人
生年月日：1981年9月10日
出身地：岩手県一関市
身長/体重：172cm/82kg
デビュー戦：2006年7月29日@京都KBSホール vs神田裕之
得意技：各種ドロップキック、各種関節技
テーマ曲：YAMATO SPIRIT (performed by ACMA)
名実ともに団体のトップレスラーでありつつも、料理の才能を活かしテレビの情報番組の料理コーナーや雑誌＆WEB連載など多数を持つ。

レスラーYAMATOの
筋肉キッチン

2019年12月21日　初版第1刷発行

著者　YAMATO

発行人　兵庫真帆子

発行所　株式会社小学館
〒101-8001
東京都千代田区一ツ橋2-3-1
☎03-3230-5697　編集
☎03-5218-3555　販売
印刷所　大日本印刷株式会社
製本所　株式会社若林製本工場

ISBN 978-4-09-310641-2

STAFF

企画	小学館Oggiブランド室 ドラゴンゲート
撮影	曽根将樹（PEACE MONKEY／表紙、P4-9、P136-141
撮影	廣江雅美（P14-135）
デザイン	ohmae-d
編集	吉田奈美、岩﨑僚一（小学館）
編集協力	足利 蓮
制作	望月公栄、斉藤陽子
販売	根來大策
宣伝	細川達司